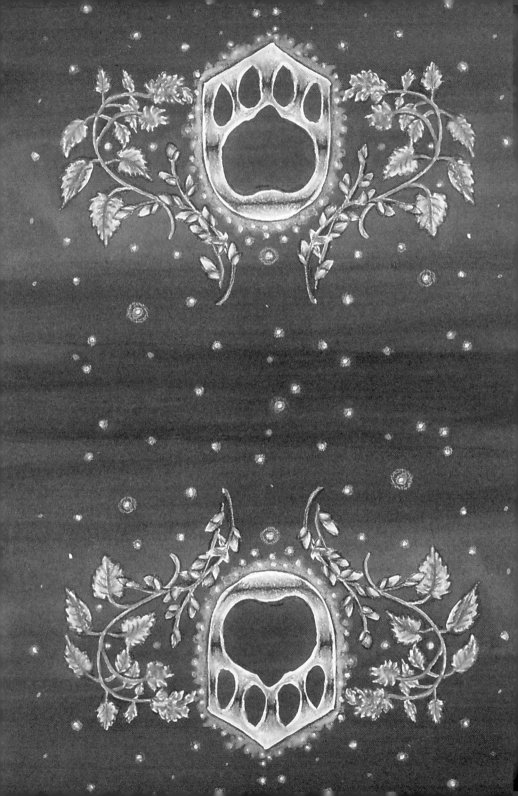

Mystical
Cats Tarot

神奇奧義貓塔羅

著 —— **盧娜雅·韋瑟史東**
Lunaea Weatherstone

繪 —— **米淇·穆勒**
Mickie Mueller

譯 —— 尤可欣

目錄

序言

　　首先要感謝芭芭拉・摩爾（Barbara Moore）給我這個機會，創造了這副貓咪塔羅，對於一個像我這樣為貓咪瘋狂的人來說，再沒什麼能比這個案子讓我在過程中更享受的了。另外還要真心感激米淇・穆勒（Mickie Mueller），她讓這個創作計畫從開始到結束都充滿歡樂，你是最棒的！當然，整個作業的完成也要歸功於 Llewellyn 出版社的貝姬・辛（Becky Zins）和琳恩・曼德偉克（Lynne Menturweck）對這個計畫付出的愛。

　　最後要特別感謝的是出現在這副牌中的貓咪們：

　　阿布（Abu）、阿土（Arthur）、阿斯本（Aspen）、克列歐（Cleo）、佛烈達（Frida）、加菲爾（Garfield）、葛列森（Grayson）、海倫（Helen）、海地梅（Hildy May）、吉諾（Juno）、卡佳（Kaga）、列克西（Lexi）、小貓先生（Mr. Kitty）、墨菲斯（Morpheus）、馬飛（Muffy）、穆斯塔奇歐（Mustachio）、小針（Needles）、歐比（Obi）、毆馬（Omar）、匹席拉（Pricilla）、波塞芬（Purrsephone）、羅絲（Rosie）、錫龍（Shiloh）、小靜（Shizuka）、小煙（Smokey）、塔比達（Tabitha）、湯馬士（Tomas）、泰勒（Tyler）、小柳（the two Willows）、扎聶（Zane）……。

　　當然還有那些我們不知道名字，但靈魂一樣耀眼的貓咪們。

盧娜雅 Lunaea

CHAPTER 1

貓咪塔羅入門

The Cat Mysteries

幾千年來，世界上許多文明都試著想要瞭解貓咪神祕的天性。貓咪對藝術靈感的啓發遠超過其他動物，無論在繪畫、文學、音樂上都造就了許多名作，民俗學研究中更是充滿了關於貓的魔法故事。在貓咪看透一切的凝視背後所隱藏的到底是什麼？是作爲同伴的我們──人類永遠解不開的謎，因爲貓咪最擅長的，就是保守祕密。

　　這副塔羅牌除了呈現我們日常生活中所熟悉的貓咪樣態，還帶領我們一窺貓咪不爲人知的世界，瞭解貓族的魅力，那是個充滿魔法、完全不同的世界，而我們家裡養的貓咪也同時生活在那個世界裡──不是透過他們的想像，就是來自古老的記憶，誰知道呢？也許趁我們稍不留意的時候，他們就不知遛達到哪去了。

　　貓咪不只是寵物，他們可是那毛髮纖柔光亮的貓女神後代。當你的貓咪安靜的窩在他最喜歡的軟墊上，用半閉的雙眼觀察這世界時，你要記得，幾千年來一直保持著神祕的這隻小動物身上，可是傳承著最古老的智慧。

牌的結構

依照傳統，塔羅的第一張牌通常都是「愚人」，而整副牌也常被稱作「愚人的旅程」，那是因爲每張牌所隱喻的原型人物，透過一張一張牌的遭遇，經歷了一趟自我追尋的旅程。當然，貓咪絕對不愚蠢，卻有著「愚人」這張牌的特性：好奇，對好運或厄運都保持開放的態度，並坦然的活在當下。在這副牌中，第一張牌「貓咪」就是你的領隊和嚮導，將帶領你漫遊貓族奧祕的世界。

貓咪的奧祕——大阿卡納

所有的塔羅牌都由兩個部分構成：大阿卡納牌（The Major Arcana）與小阿卡納牌（The Minor Arcana）（阿卡納「Acarna」這個字的意義是「祕密」）。大阿卡納牌中的每個人物都有名稱，如：「皇后」、「死神」、「戀人」等，當牌陣中出現了大阿卡納牌，通常都被解讀爲重大事件、生命的重要經驗、靈魂的功課。

大阿卡納牌的意義在塔羅諮商中，比小阿卡納牌更受到重視與注意。大阿卡納牌以宇宙原型的角色出現，提醒你在這趟人生旅途中要關注並學習一項重要的功課。

在這副牌中，大阿卡納牌呈現的是貓的奧祕，以貓族的角色來解讀宇宙靈魂的功課。

貓咪的奧祕如下：

傳統塔羅	奧義貓塔羅
愚人 The Fool	貓咪 The Cat
魔術師 The Magician	貓咪魔法 Cat Magic
女祭司 The High Priestess	女祭司 The Priestess
皇后 The Empress	皇后 The Empress
皇帝 The Emperor	皇帝 The Emperor
教宗 The Hierophant	祭司 The Priest
戀人 The Lovers	戀人 The Lovers
戰車 The Chariot	戰車 The Chariot
力量 Strength	力量 Strength
隱士 The Hermit	隱士 The Hermit
命運之輪 The Wheel of Fortune	輪 The Wheel
正義 Justice	因果 Consequences
吊人 The Hanged Man	漂浮貓 The Floating Cat
死神 Death	死亡 Death
節制 Temperance	優雅 Grace
惡魔 The Devil	貓惡魔 Demon Cat
塔 The Tower	塔 The Tower
星星 The Star	星星 Stars
月亮 The Moon	月亮 Moon
太陽 The Sun	太陽 Sun
審判 Judgment	乖小貓 Good Kitty
世界 The World	世界 The World

貓咪的族群──小阿卡納牌

小阿卡納牌像一般的遊戲撲克牌一樣分成四組花色。在解牌時，通常可解讀為日常生活中所經驗的事件，或是已經發生過的事。在這副牌中，保留了傳統小阿卡納牌的四種意義，而以四種不同性質的貓族群來展現。

雖然每隻貓都是獨特的，但他們還是會受到族群的影響，產生一些共同的嗜好及特性，這可能來自於遺傳，也可能是後天受到族群習性的影響。例如，對一隻天性獨立的天族貓咪來說，與一群擁有群體意識的地族貓咪共處一室，就是件非常難熬的事；又例如一隻愛作夢、特別有靈性的海族貓咪，就非常難理解火族貓咪總想去冒險的渴望。你家裡的貓咪可能就屬於這四個族群中的某一族，只是他們不見得願意讓你知道。如果你仔細觀察，同時不斷深入瞭解每一族群的特性，漸漸的，也許你就能更認識他們──同時也更認識你自己。

每一個族群中都包含了不同品種的貓咪，因為品種血源並不是決定成為哪種族群的依據，甚至同一窩小貓最後可能會發現他們分別屬於不同的族類。例如，一隻天族貓媽媽生的小貓

傳統塔羅	奧義貓塔羅
權杖 Wands	火族 Fire Clan
聖杯 Cups	海族 Sea Clan
寶劍 Swords	天族 Sky Clan
錢幣 Pentacles	地族 Earth Clan

可能會發現自己跟海族一起生活更和諧；又或者是一隻來自火族的年輕公貓，最後在地族中找到他的伴侶。而我們人類也一樣，一個人的性情、脾氣及他個人的特質，才能真正決定他屬於哪一個族群。

宮廷牌組

依據塔羅的傳統，小阿卡納的四組牌中，每組都擁有四張宮廷牌，分別稱爲「侍者」、「騎士」、「王后」、「皇帝」（有些牌會將「侍者」、「騎士」改爲「公主」、「王子」）。在解牌的時候，如果出現宮廷牌，通常都可以代表某一個人物，而此一人物的個人特質或在事件中扮演的角色都反映在宮廷牌上，這個人可能指的是問牌者本身，或是問牌者生命中所牽涉的人（或即將牽涉的人）。要注意的是，宮廷牌中的任一個角色都可能是現實中的男性或女性，他們所呈現的並不是性別，而是一種人格特性或能量特質。

在這副牌中，宮廷牌包括「小貓」、「成年公貓」、「王后」，以及「國王」。「小貓」牌很明顯指的是很年輕的人，但一般也可以解讀成正在經歷學習過程或正在探索全新事物的人——就是所謂的「初心者」。「成年公貓」牌通常都反映一個人正在追尋探索一件重要的事或肩負任務，可以解讀成追尋目標或人格中具有冒險探索的特質，然而他們的行爲又根據所屬的族類有所不同，有的是侵略性很強（天族），有的是保護性很強（地族）。

「王后」通常都是以智慧統御她的族類，這張牌所展現的是

滋養、激勵的影響力，同時也有大部分女性所具有的直覺、清楚溝通等特質。「國王」則藉由個人的力量與魅力來統御他的族類，他會設下領域的界限，並提供保護，所展現的男性特質包括領導力、征服駕馭力，以及權力。

如果想要更了解宮廷牌的意義，我推薦瑪莉 K‧格里爾（Mary K. Greer）與湯姆‧利特爾（Tom Little）合著的《認識塔羅宮廷牌》（*Understanding the Tarot Court*）這本書。

如何使用這套塔羅牌

洗牌

洗塔羅牌的時候，不一定要用玩撲克牌的方式洗牌，我最喜歡的一種洗牌方式（跟 Shekhinah Mountainwater 學的）是在一張大桌或地板上將牌攤開，然後用兩手像炒菜一樣「翻攪」，盡量將所有牌都攤開，在平面上大動作的搓洗，直到覺得充分混合爲止。這時你會感受到每張牌的能量漸漸安定下來，最後你會知道什麼時刻它們全都就定位了，然後，就這樣讓所有牌攤平著，開始從中間挑選你要的牌。

我會用我的非慣用手（因爲我是右撇子，所以這時我會用左手）在牌上方來回盤繞，直到我在某張牌的上方感到一股熱熱的騷動，而這張就是我要選的牌。然後繼續用這個方法選取下一張牌，直到選完解牌所需要的張數。

如果想要用傳統的洗牌方式也可以，只是你要知道什麼時候該停下來。有經驗的塔羅諮商師有一套固定的洗牌次數，或者他們很熟悉什麼時候牌已經充分混合了。如果你是塔羅的初入門者，洗牌時最好告訴你自己（同時也告訴塔羅牌）將會搓洗牌的次數，例如五次，這樣不僅可以排除自己是否做得正確的疑惑，同時也可以讓塔羅牌充分為你工作，精準的呈現你所需要的牌。

　　洗完牌後，許多塔羅師會做切牌的動作，這是我覺得最具有儀式性的一個時刻，告知洗牌過程已結束，而讀牌即將開始。如果你也選擇做切牌這個動作，我建議你最好找到一個自己覺得最正確的方法，然後每次就用同樣的方式來做，這樣不但可以加強我剛剛提到的儀式性，同時也可以避免你對自己的做法產生懷疑。我的方法是用左手將牌切成三落，然後再依逆向的順序將它們堆回成一落，這樣重複三次，三乘三，就有了魔法的效力，然後我會在牌堆上輕輕拍三下，就像是輕敲著問卜的大門一樣，接著開始從牌堆的最上方開始選牌、展開牌陣。經驗會讓你找到最適合自己與塔羅牌工作的方式，記得永遠都要聽從自己的直覺。

解牌

　　塔羅是一個視覺的工具，所以第一件事、也是最重要的事，就是要仔細的凝視塔羅牌，給你自己一點時間進入塔羅圖像的情境中，想像你自己身處畫中的風景。然後閉上眼，重新再回想一次牌，想想你自己看到了什麼，通常這張牌最重要的部

分就是在你腦中縈繞的那個印象，張開眼，記下牌所呈現的風景、顏色、貓咪的表情及他們的肢體語言，塔羅呈現的所有意象都有符號學上的意義。

當你花一點時間審視完圖像之後，就可以閱讀這張牌中的貓咪所做的陳述，並參考貓咪給的建議。平常貓咪花很多時間觀察我們，他們有很多建議和評論要提供給我們，聽聽貓咪的建議也不錯，但記得要同時聽從自己的直覺，並從自己的立場去了解得到的訊息。每張牌的陳述及建議看似針對你自己本身，但實際上它也可能指的是別人，或是事件的狀況本身。

舉例來說，「皇后」這張牌象徵的是母性的愛和關懷，它可能表示你自己具有給予這份愛的能力，或是你需要別人給你這份愛，也有可能指的是你有機會運用這份愛與關懷的特質去解決一個你遭遇的狀況，讓這些陳述與建議作為一個起點去延伸，而不要把它們當作整件事的結論。

更多關於使用這副塔羅牌的方法，可以參考〈CHAPTER 4 牌陣〉（本書第187頁）。

關於逆位牌

使用這副牌的時候，你可以選擇只解讀正位的意義，也可以參考圖形上下顛倒、呈現逆位牌的意義，重要的是要保持一貫性。讓你的牌知道你將參考逆位的狀況，或是會忽略，這樣它們才能向你呈現最精準的狀態，而你也不會懷疑自己，打斷讀牌的靈感之流。如果你決定只解讀牌在正位時的意義，那麼當上下顛倒的逆位牌出現時，只要將它們都導正過來就可以了。

就像正位牌有許多解讀的觀點，解讀逆位牌時也有許多不同的思考方式，出現逆位並不表示帶著較負面的能量，狀況也不見得總是比正位的圖像意義來得糟——特別是一些顯示將遭遇阻礙困難的牌出現逆位時，反而會增添一些正面的意義。在這裡，每張牌都附上逆位的意義，方便你解讀時參考。

牌的照顧及養牌

讓你感覺最安心的方法就是照顧塔羅牌最「正確」的方法。有些人認為將塔羅牌收在它們原本的盒子裡是最能保持每張牌能量的方式，有些人則會特別去尋找一些特殊的盒子或小袋子來襯托他們各具特色的塔羅牌，呼應塔羅牌呈現的美感，例如塔羅繪圖藝術家米淇 • 穆勒，就會特別將塔羅牌的圖案轉印到特製的袋子上，用這些袋子裝她的塔羅牌。

無論怎麼做，最重要的是永遠對你的塔羅牌帶著敬意。當你使用完之後，請把它們好好的收起來。如果你可以全心全意的這樣做，就像誠心對待一個神聖的物品一般，下次你再把它們拿出來的時候，就可以感受到這股神聖的能量，而那能量會隨著歲月與日俱增。要與一副牌建立起堅定、親密的連結是需要時間的。

你也可以將塔羅牌與某些特殊的水晶或能量石收藏在一起，以淨化或增強它們的能量，對於這副牌來說，貓眼石或虎眼石都可以增強貓咪那神祕的特質，是最適合的寶石。將光滑的寶石放進一個小袋子裡，加上一些乾燥的貓薄荷，然後把這個守護符袋與塔羅牌放在一起，當作是給貓女神的獻禮。

CHAPTER 2

關於貓咪的奧祕
大阿卡納

The Cat Mysteries
Major Arcana

0

—

貓咪
The Cat

當一隻貓咪實在是件太美好的事了！世上沒有任何生物比我們貓咪還要優雅、神祕、智慧，以及勇敢，我們敞開所有的感官去瞭解存在的一切，包含眼睛看得見的與看不見的，並全然融入這片廣闊的風景中，對於每一棵植物、每個石頭、每一絲微風與聲響都清晰的觀察，帶著好奇心去接受，我們對所有來到身邊的事物，都能全然的去體驗，以得到最完整、最真實的樣貌。在人生旅途上，我們早已準備好去經歷各種出乎意料之外的冒險，就像沒有人需要提醒貓咪停下腳步聞聞花香，我們早就知道花兒長在那裡就是為了等待我們到來。

貓咪的建議

你也想學貓咪遊走的方式嗎？那麼，第一步就是要全然的來到當下，回到現在你所在的地方，就是現在！問問自己是什麼讓你感到快樂，然後迎接任何湧向你的機會。你的鼻子會帶領你走向天賜福地，如果你願意信任它，為世上所有的美睜大雙眼，喚醒你的靈魂去見證奇蹟。

當牌上下顛倒

如果生活純粹只是一場接一場的意外，是件很辛苦的事，即使對一個愚人來說也很辛苦。過分茫然的遊蕩，最後只會讓你疏離族群，落得孤單一人，特別是當你年老的時候，而活在當下更不該成為漫不經心、不負責任的藉口。請記住，把腳踏踏實實的踩在地上。

I

貓咪魔法
Cat Magic

「**貓**咪魔法」既簡單又深奧，它是這副奧義貓咪塔羅牌中最容易理解卻最難執行的一張牌。它是一種吸引力法則的藝術，只要順應自然法則的安排，加上貓咪女神所給予的祝福，所有原本就屬於你的好事都會被吸引過來。就像這隻貓一樣，施行一個魔法儀式，將所有的意念都集中在一個特別的目標上，利用與生俱來的天賦創造出一個元素咒語，地、天、火、海的神祕符號在她的命令下飄浮著，運用這團她所創造出來的魔法能量，讓願望得以在這世界上實現。

貓咪的建議

你有力量去創造屬於你自己的現實生活，而那股力量會隨著你對它投入的注意力逐漸增長。請專注在正面的事情上，而不是負面的，真心相信自己可以將所有渴望的帶到身邊，最後你會發現，魔法的各種技巧、工具都不是重點，「全然相信自己」才是「貓咪魔法」的祕密。

～✁ 當牌上下顛倒 ✁～

你可能會覺得完全無法控制自己的遭遇，無論你做了多少努力，總是備受阻撓、挫敗連連，這時最好檢視一下自己對事情發生的「可能性」的態度，同時也看看自己在生命開展的過程中扮演著什麼樣的角色，你是不是真的願意拿回主權，以自己天賦的力量來形塑自己的世界？

II

女祭司
The Priestess

在紫晶洞深處，女祭司正等著你，水晶的頻率與她發出的呼嚕聲產生共振，更增強、擴大了她所散發出的生命能量。幾千年來，無數個女祭司都曾隱居在此，不斷滋養著內在的智慧，而這位貓咪祭司傳承了所有女祭司們的智慧，當她的生命結束時，另一位女祭司會取代她的位置，將前任所累積的意識附加在自己的意識中，貓族所擁有的優雅、寧靜、愛與無情的死亡都存於她的內在，她看透了幻影的面紗，只提供真理。試著凝視她的眼，你將看見最真實的自我。

貓咪的建議

你已經準備好進入靈性成長的下一個階段：信任你內在的指引，不要忽視那讓靈魂豐盛的召喚，找一個神聖的空間，讓你自己沉靜下來，並聆聽神聖的旨諭——無論你相信的是什麼形式的神靈。要知道，你同樣也擁有從歷代先祖傳承下來的古老智慧。

當牌上下顛倒

你可能抗拒著或誤解了自己內在的聲音，原因可能是因為如果遵從了這個聲音，你就必須去實踐一些你並不想做的事。然而要知道，否認靈魂的需求將讓你落入悲慘的狀況，如果犧牲是必需的，你一定可以找到一股力量去完成它。要注意的是，不要讓別人否定了你內在最深的智慧。

III

皇后
The Empress

世上還有什麼比一隻貓媽媽與她的孩子們窩在一起的畫面更美的？在我們所擁有的神聖事物中，最珍貴的就是母子之情，而「皇后」這張牌所顯現的便是這份來自母親的愛。世世代代，我們都在心中保留一個位置來榮耀母親。從小寶寶出生的那一刻開始，她就以自己的身體餵養著他們，強悍的護衛著他們的安全，全心全意的照顧著，甚至在危急的時候願意為他們付出生命。然而，她也很清楚自己的職責是照顧，而不是耗損，所以當她的孩子們準備好了，她會鼓勵他們投入自己各自的生命，並帶著溫柔的驕傲看著他們離開。

貓咪的建議

你會獲得所需要的照顧與支持，這些可能會以豐盛的物質形式出現，或是以一種培育訓練式的協助出現，無論在什麼樣的狀況下，你都可以相信它是出自於愛，沒有任何期待與條件，而你自己其實也擁有這種無條件的愛，讓這份愛滋養他人，就像你以這份愛滋養自己一樣，這股愛便會循環不滅。

～～ 當牌上下顛倒 ～～

在親子關係中，你曾經受到創傷（可能是來自於你親生母親，或是其他扮演著母親角色的人），這會讓你難以展現自己的母性，或者很難接受別人的照顧，深怕受到義務的牽絆而窒息。試著找出一個方法，來療癒、鬆綁這些舊框架吧！

IV

皇帝
The Emperor

我們這位華麗雄壯的皇帝，以他那沉著的莊嚴姿態與遠見統治著四大貓族，他主要的任務是維持領土的界限不被破壞，並保障領土內所有貓子民們的福祉。不同族群間難免會產生爭鬥且陷入僵局，一旦皇帝介入其中，大家都臣服於他的權威，然而他的力量來自內在，並不是以殘酷的壓迫或控制讓大家諂媚的順服他，他很清楚自己是誰。國土遼闊無邊，而他的責任重大，但每當他那智慧的雙眼凝視我們的時候，我們都能真實的感受到被看顧著，那是一種真正的領導力，帶著真心，並總是為所有人謀福利。

貓咪的建議

牢牢抓緊你所知道的事情是很好的，沒什麼不妥，然而要記得，要以智慧去運用你的力量，去為你在乎的那些人謀福利。相反的，如果你是那個尋求支持的人，請記得確認那個幫你的人是否真的值得你信任。無論你身處哪一種狀況，都要為自己設定清楚的界限，不要把自己的力量拱手交給別人。

當牌上下顛倒

壓迫別人，甚至要求他們順服你的意志，並不是真正的領導力。試著分享權力，讓每個人都能感受自己的價值，覺得自己是有用的。相反的，如果你被一個與自己意志完全相反的領導者掌控，試著提出自己的想法，並找到可以顧全所有人利益的決定。

V

祭司
The Priest

貓咪總是順從自己的心，總是先想到自己，從來都沒有任何外在的權威可以要貓咪承認哪個是神聖的、哪個是值得尊敬的，但即便如此，我們仍然非常崇敬那些被傳承下來的許多傳統及教導。在我們的聖殿裡，祭司們負責保存，並記錄、翻譯各種貓咪奧義、各族群的神話傳說，以及貓女神的聖歌，同時還必須觀察各種儀式。我們尊敬祭司這種奉獻自己生命、服務貢獻的精神，也知道如果哪一天我們的信念消失了，他也會幫我們重新回到正道上。

貓咪的建議

讓你的靈性生活更有規畫與紀律，對你來說會有很大的幫助。即使你是最崇尚獨立思考的人，不妨也試著讓具有豐富靈性知識及經驗的人來引導你，這樣你將獲益良多。畢竟各種偉大的信仰、神話中都保存著龐大的智慧寶藏，而這些寶藏當初也都是來自那些渴望求知、了解真義的心，不妨試著從值得信任的來源去探求宇宙共通的真理。

～⁓ 當牌上下顛倒 ⁓～

教條及那些死板的想法會讓靈性成長窒息，不要把你自己的信念強行灌輸給別人，也不要讓別人把他們的信仰強加於你。那種淺薄的信仰誘惑，與自己親身體驗之後產生的真正信仰，是完全不一樣的，不要混淆了。記牢記，永遠都要尋找更深刻的意義，且拒絕那些阻撓探索真理的人。

VI

戀人
The Lovers

當貓咪陷入愛情，他們會創造一個只屬於兩人的天堂，所有的時光都花在擁抱、纏綿中，尤其是那些漂泊天涯的浪子，更享受這種時刻，因為他們終於可以與人分享。那心靈相連的狀態，甚至連睡覺的時候都還持續著，因為戀人總是作著相同的夢。再沒有什麼能夠介入這對相繫的伴侶之間——雖然偶爾慍怒還是會帶來一些小小的嘶吼，但他們的愛永遠大於任何爭執。即使他們被死亡分隔，也明瞭來世再相遇之前，有的只是時間的問題——噢！對了，下一次再重逢是件多麼令人興奮、快樂的事呀！

貓咪的建議

把你自己完全交給愛，無論那愛是以什麼樣的形式呈現，也許那是你的伴侶、一個讓你的心放鬆的人；也許是別的讓你真心喜愛的事物，你想要全心全意投入——可能是一個重要的人生轉捩點、一項計畫、族群歸屬、一份友誼。你知道自己將遇上源源湧現的愛，可以安全的開展你的夢。

⌒⌒ 當牌上下顛倒 ⌒⌒

目前愛對你來說似乎只有掙扎，但要記得這個掙扎可能也有它的價值。對真正的靈魂伴侶來說，克服這一切，以體驗更深刻的愛，絕對是有意義的。也許你的心正帶著你往某個方向跑，但你的腦袋卻把你拉向另一邊，而這樣的情形最後可能導致關係結束，那麼你就得弄清楚，到底哪個才是你真心所愛。

VII

戰車
The Chariot

貓咪很享受讓力量無遠弗屆馳騁的快感，不僅是要在體能方面創下佳績，還要運用天賦魅力與精神力帶領我們超越各種挑戰與困難。這隻貓咪正全神貫注，以他的意志駕馭著他靈性的坐騎，他很清楚要去哪裡，而且毫無遲疑的，他也一定會到達目的。當貓咪全然掌控了他的方向，那麼這條路上將再無障礙可以阻止得了他。

貓咪的建議

你掌握了自己的人生，當你全然相信自己的目標，整個宇宙都會配合你運作，以幫助你臻至完善。你成功在握，但先決條件是必須開始行動。不要讓其他人替你駕馭戰車，任何人的干擾或未經徵詢就擅自給予的協助，都將是這整個過程中的阻礙。釐清你的想法，做出計畫，累積你的資源，然後向前走吧！

∽∽── 當牌上下顛倒 ──∽∽

你的進程完全停滯了，呈現靜止狀態，先確認造成停滯的原因，讓你可以準備好再出發。你是不是缺少一點自信？還是別人對你成功的機會投以懷疑的眼光？你的計畫是不是漏了一個重要的步驟？這不是比賽的終點──只是一個短暫的停留，試著重整自己，準備邁入下一階段。

VIII

力量
Strength

本能是非常有力量的，沒有一種生物比我們更瞭解它，我們受本能的指引，告訴我們什麼時候安全、什麼時候危險，什麼時候該行動、什麼時候又該保持靜止不動，以及什麼東西可以吃、什麼人可以信任。然而我們卻不會成為這自然天賦的奴隸，我們遠遠進化得多了，如果狀況需要的話，貓咪可是非常善於自我控制的，即便面對我們天性中最強的衝動──捕捉獵物，我們還是可以靠著個性所產生的力量把衝動壓抑下來，沒有誰比貓咪更凶猛，但如果我們選擇溫柔，也沒有誰能比得過我們。

貓咪的建議

其他人可能會憑著衝動和粗鄙的動機來行動，但你卻忠於自己的道德信念，你已經克服了那粗糙、未經淬鍊的本能，選擇了一條較高尚的道路，你的勇氣與力量遠比自己所想的還要深遠強大，抓緊它，它將帶你穿越任何挑戰。

當牌上下顛倒

有些事情本來就是你掌控不了的。不要找藉口掩飾，為你自己做的決定和行動負責。你絕對夠堅強，足以克服各種障礙，包括來自內在的阻撓。請充分運用你儲存於內在的力量與高尚情操吧！

IX

隱士
The Hermit

隱士退避到魔法石榴樹最高的枝枒上，去沉思一些未解之謎，雖然他很享受孤獨，但也不介意偶然來訪的客人——然而就像石榴一樣，隱士不會輕易將他的智慧果實贈予別人，你必須花一點工夫，至少必須爬上這棵古老的知識之樹。由於避隱在高處，隱士才有深遠的視野，也才能對那些他所觀察到的事保持疏離，擁有平靜與全面的觀點。匆忙而活躍探索著生命的貓咪總是很難擁有較廣闊的視野，然而隱士卻看見了，並瞭若指掌。

貓咪的建議

稍微遠離日常生活的忙碌，去尋找你所需要的內在平靜。如果你持續奔忙，並參與各種活動，那麼就別期待可以理解生命更深的意義，因為智慧是需要你騰出時間去做內在省思的。

〜〜 **當牌上下顛倒** 〜〜

太孤僻與太多社交活動一樣有害，即便是那些最潛心於隱修的人，也需要偶爾與人接觸，這樣才能對事情做出比較客觀而正確的判斷，避免被內在的漩渦淹沒。想一想，你是否與這個世界太疏離了？如果是的話，原因是什麼？

X

輪
The Wheel

宇宙中央是一個巨大的輪，而這個巨輪由一隻貓咪推動旋轉著，當然，它轉動的快慢全憑這隻貓咪的意念而定。所有元素都在此顯現——地、天、火、海，所有由這些元素構成的貓族也都在這裡。從巨輪當中流溢出構成所有萬物本質的能量，你可以稱它為好運、命運、幸運或任何你想要的名稱，它總是不停的變化著，而我們也是。所有生命的運轉都仰賴這推動巨輪的舞動四肢。

貓咪的建議

事物不停流轉，遠遠超過你所能掌控的，而你能做的就是將自己放入宇宙為你擬好的軌道上。注意那些指引你去執行下一個行動的徵兆，相信一切都會很好，並記得，無論現在你在命運之輪上的哪個位置，很快你就會來到另一個位置，只需等待巨輪轉動。

當牌上下顛倒

這張牌顛倒時的意義與正向的意義幾乎沒什麼不同，只不過這時你對輪轉的命運有較強烈的感受。專注於巨輪的中心和元素能量的均衡，可以幫助你回到自己的核心。

XI

因果
Consequences

簡單的線球是我們最喜歡的玩具之一，我們特別喜歡在它滾過地面時追著它跑，拆解、抓扯它。這隻貓咪顯然沒發現，瘋狂的玩耍讓自己陷入了什麼狀況。滾過荊棘遍布的荒野之後，雖然試著掙脫線繩的纏繞，但她顯然已經完全把自己困住了。事情總是有對的與錯的方法，即使你只是玩一場遊戲。雖然讓自己沉迷於追逐的夢幻中並沒什麼不好，但絕對不要忽視你草率行事造成的後果。即便是嬉鬧，也要帶著覺知才能保持平衡。

貓咪的建議

審視你的行為，並評估它們長遠造成的影響，你這些決定是否合乎正道，並且是負責任的？你有注意到自己正朝著什麼方向前進嗎？小心不要扯上不必要的糾結麻煩，那將會讓事情變得更複雜，並拖累你的進展。覺知一件事情開始的方式，將影響它們最後呈現的結果。

∿⌇ 當牌上下顛倒 ⌇∿

負面的糾結正慢慢鬆脫，如果你深思熟慮，就可以找到讓自己脫離困境及不利的方法，沿著線索回溯你的行為，重新來到起點，試著理解一路上學到的功課，這樣下次你就可以做得更好。

XII

漂浮貓
The Floating Cat

這隻貓咪已經達到真正的靈魂自由，並可以全然活在不執著的自在平和中，她甚至脫離了重力束縛，可以像夢一樣飄浮在清晨明亮的光輝中。只有那些放下自以為是的態度且對未知保持開放的人，才可以看見更深的意義與遠景，當觀點轉變，可以從另一個角度看這個世界，更大的覺知才會發生。這隻貓在作夢嗎？誰知道呢？唯一可以確定的是，當她的四足落地時，全新的視野仍不會消失──只要相信，任何事都有希望成功。

貓咪的建議

放下那些先入為主的想法，將那些已經確立的觀念翻轉過來，讓創意的光自由無礙的流動。晨間的光輝象徵著心念的擴張，就像這隻貓咪一樣，現在你需要的只是讓自己去經歷驚喜，當你釋放自己對重力的依賴，剩下的就只有輕盈。飄浮起來，並往無限的可能延伸出去吧！

當牌上下顛倒

當這張「漂浮貓」牌上下顛倒的時候，意義與正向牌差不多，只是當你在日常生活中加入想像與靈感的時候，要稍微謹慎一些，有可能會遇上一些困難與挑戰。為了擴張視野、尋找更多的可能性，你可以找一些同樣想要拓展想像的人互相分享。

XIII

死亡
Death

在所有未知的謎當中，死亡最深奧。我們所知道的是：每一次當我們進入一個全新的肉體，我們就全然的活著。沒有任何一個時刻是不重要，而能隨意浪擲的。無論睡著或醒著，獨自一人或與人為伴，快樂或痛苦，我們都全然的活在當下。當離開這個身體的時刻來臨，生命已臻圓滿，無論這段時間是短暫還是長久，我們已一腳跨入永恆，拋開那親愛的、衰老的身體，下一個新的生命正等著我們。

貓咪的建議

試著去覺知萬物的本質都是有限的，當需要放下的時刻來臨，就該放手。執著一個不再對你有幫助的事物，將讓你在這條發展的道路上停滯不前，釋放已經結束的，嶄新的生命才會來到，而這一路上遭遇的每個課題與禮物都值得感恩。

當牌上下顛倒

你寧願讓後悔與失落占滿全部的思想與感受，也不接受等著要降臨的新生命，但不斷回顧和保存悲傷的記憶並無法彰顯你曾經愛過，也無法平和的釋放這份愛。不妨舉行一個儀式追悼已經逝去的，並擁抱這結局的真義。

XIV

—

優雅
Grace

當貓咪如此優雅輕盈的走著，看似毫不費力，但事實上那不只需要平衡感，還必須願意接受自己失敗或跌倒時的糗態。懂得調合節制與放鬆，才能讓我們得到平衡。我們尊貴的姿態來自內在與外在的優雅，而真正的優雅意味著能夠適應環境，即使不平靜的浪潮在周圍拍打著，也不去戒備。當你接受自己的脆弱，更高的智慧將會從各種挑戰中升起。貓咪總是可以帶著完美的沉著遊走於世界，因為我們遵從安詳靈魂的指引。

貓咪的建議

找到內在的和諧，不僅能讓你保持平衡優雅，進而還能超越挑戰。當你發現自己失去平衡的時候，請想想什麼可以讓你再度穩定下來，而那份適應瞬息萬變環境的能力，會讓你在最混亂的時刻仍然能夠站穩腳步，尋求寧靜。

當牌上下顛倒

現在你面臨的狀況也許太混亂，很難讓你找回平衡，那就包容你自己有限的能力吧！有時事情就是會失去平衡，讓人感到沮喪，試著多照顧自己的健康，以承受壓力，尤其在這格外困難的時期，更要謹記重視自己的身、心、靈狀況。

XV

—

貓惡魔
Demon Cat

邪惡、陰險、玩弄獵物，並從對方的痛苦中獲得快感——有些愚昧的人會認為這就是貓的天性，事實上，大部分的貓咪一點都不殘酷。雖然在我們的內在確實潛藏著野蠻、殘酷的一面，特別是當我們和愛與溫柔分離，張牙舞爪的本性就會顯現。虐待、忽視或嚴苛的環境，都有可能讓貓咪性格中最糟的部分顯現出來。我們大多都曾感受過內在的那個惡魔，威脅著要掌控我們，也試著遏止那股邪惡的衝動，企圖馴服自己的壞脾氣，撫平張牙舞爪的心情。貓惡魔一直都困在自己的惡意所構成的荊棘叢林裡。

貓咪的建議

你的惡魔已經完全掌控你，造成你與自己比較好的那些天性疏離，也許你會覺得自己陷在黑暗之中，完全看不到光芒。但如果正在與惡魔交戰的不是你本身，那麼這張牌就是一個警告，暗示你要避免那些讓你脫離正道的一些狀況。當你感到害怕的時候，快點回頭，並往別的道路走避。請務必保持清醒，注意貓惡魔的利爪。

〜〜〜 當牌上下顛倒 〜〜〜

你的靈魂已經開始往光的方向前進，自由即將到來。那些一直以來操控你的惡習及行為的力量已漸漸減弱，並有希望一舉擊潰，提起你的意志力，堅持不斷的改變自己，朝正面發展，尋找可以鼓勵你的同伴，支持你度過這段轉化的時期。

XVI

塔

The Tower

貓咪喜歡事情一直維持在穩定的狀態，也習慣靜止不動的去觀察狀況，確定一切都很安全才展開行動。唉！可惜並不是所有事情都可以在我們的掌控之中，即使一個可靠穩固的結構，都有可能無預警的崩塌，讓我們從安睡中驚醒。這時絕對不容任何猶豫：生存與否，就看我們是不是能快速的適應變化。當本能被激起，我們會在半空中轉身，讓自己看見地平線，並安全著地，然後收起驚嚇，再度呈現優雅姿態。

貓咪的建議

　　一旦發現你的基礎開始動搖，如果可以預知墜落即將發生，就應該讓你的生存本能立即作用。唯有如此，你才有足夠的時間在空中翻轉，然後以雙腳安全落地，甚至可以利用你下墜的高度作為優勢——太短的墜落反而沒辦法讓你優雅翻轉，並穩穩的雙腳落地。從墜落中學到你應學習的功課：適應性、遠景、善用資源，以及自信，這些都經歷考驗，並證實的確可靠，你的所有真功夫都將在局勢轉變、危機發生時為你效勞。

～∽ 當牌上下顛倒 ∽～

突如其來的變化可能會讓你感覺顛簸浮蕩、連根拔起，很難讓雙腳回到堅實的土地上，而心靈上的昏眩更讓你難以辨別哪邊是上、哪邊是下，很難決定接下來要往哪個方向前進。這時不妨稍微等待一下，讓塵埃落定再採取下一個行動。

XVII

星星
Stars

當貓女神芭絲特（Bast）孕育出宇宙的同時，也賜予了他的創造物們連接宇宙意識的天賦。貓咪們從幼時就覺察到這個天賦，我們知道自己是一個比自己還要廣大的事物的一部分，就像星星一般，當我們活出自己的命運時，我們顯得耀眼、完美、獨特，同時我們全體又與一個共同的起源連結著。這就是保持信念的祕密：無論生活中發生了什麼，總是相信其背後具有意義，是某種刻意的安排。當我們抬頭仰望星空、注視著獅子座時，我們知道自己也是星塵構成的。

貓咪的建議

不要懷疑你是獨特而值得珍視的，你是這個宇宙大舞會中最有活力的一分子。要相信生命中發生的所有事物都是照著它們原本的安排發生；要相信時候到了，自然便能看清來龍去脈。當你要為下一步行動做選擇時，要帶著一份確信，相信神靈永遠都在導引著你。

當牌上下顛倒

恐懼或信念的危機，都會讓你覺得自己在這個世界上，既渺小又孤獨，就算你可以從別人那兒得到支持與安慰，希望的火花還是必須來自內在。就把這個艱困的時刻當作一個機會吧！好好釐清一下你對靈性價值的認知，並重新建立信念的根基。

XVIII

月亮
Moon

當地球的臉朝向夜晚時，我們夜行的本性便帶我們來到這一般人稱為「月之魅惑」的國境，這裡是夢的領地，而我們帶著全然醒覺的感官在其中探索，潛意識挹注到意識層面，讓我們可以看見一些視覺看不到的事物。奇怪的聲響傳到我們耳裡，醉人的香氣傳到鼻子裡，所有只在夜間浮出的事物都顯現了，我們輕巧的潛行著，追隨月影穿梭在這無色的世界中。

貓咪的建議

月亮從黑暗到光明又轉為黑暗的循環中，所有事物都無法立即被看清楚。多給自己一些時間，讓真相逐漸清晰，不要相信自己看見的就是事實的全部。要注意那些隱藏的祕密、神祕的謎，以及一些不顯著、需要經由內在與外在的視野才能看出端倪的事物，相信你的直覺。

當牌上下顛倒

要接受一些原本不可能的事情，對你來說是困難的，因為有些事透過理性、分析、正常的頭腦思考下是無法釐清的，而那種思維方式也排除了直覺和夢可能帶來的訊息，甚至還會刻意抹滅夢裡的記憶。試著突破你所抗拒的事，讓自己潛入更深的意識之中。

XIX

太陽
Sun

喔～神聖的太陽！沐浴在你的熱情中，享受光的照耀，溫暖我們最柔軟蓬鬆的肚皮，是世界上最快樂的事。在貓女神賜予祂親愛子民的所有愉悅祝福中，最崇高的便是太陽。在太陽照耀下，所有事物都得以茁壯成長，所有生命都可以獲得能量，並傳布出去。對那些在陽光滋養下成長的人來說，沒有什麼事是不可能的，我們就是黃金，我們最耀眼，我們就是完美。

貓咪的建議

對你來說，現在正是享受甜美歡愉的時刻，你應該深深的感謝你所受到的所有祝福與庇佑。你可以放鬆了，並相信一切都會很好。讓那些糾纏已久的疑惑都燃盡，就像晨霧遇見陽光就消散無影，你可以舒展身手，全然投入那愉悅的光芒中。

～ 當牌上下顛倒 ～

逆向「太陽」牌的意義與正向時一樣，只是這時你可能還有些猶豫，很難相信事情怎麼可能這麼美好。

XX

乖小貓
Good Kitty

貓咪並不會感到羞恥，即使有時我們也會有不好的行為，或是做了錯誤的選擇，但那都不影響我們對自己的評價，我們知道自己的本質是良善的。在這一生中，我們會從自己的錯誤中學習、增長智慧，因此到了老年會更顯得安詳平和。貓女神早就賜予祝福，並宣告我們每一個都是值得讚美的，而這有什麼可以懷疑的呢？畢竟我們都是依照祂的形象塑造出來的呀！我們全都是乖貓咪。

貓咪的建議

誠實的審視你自己，評估是否有需要改變的地方，好讓人生更大的意義可以獲得圓滿。看清楚你犯的錯誤及失敗之處，然後原諒你自己，釋放那些譴責與羞恥。接受來自貓女神的愛，讓這愛照耀你自己與他人，舔乾淨你腳掌上的塵土，重新帶著一個更光明的心往前邁進。

～當牌上下顛倒～

當你已經到達可以接受自我、清晰的認識自己時，試著將注意力轉向更大的族群——你的家人、朋友或任何受你影響的人們。想想你可以怎麼去幫助別人，讓他們對自己更好？你要如何擴張慈悲的力量，讓每個人都受到祝福？而又有什麼是你應該要寬容原諒的？

XXI

世界
The World

世界屬於貓咪。每一棵樹上的每片葉子、每一塊石頭、沙礫，以及在這永恆運轉的星球上的每一個季節，都屬於我們，我們也很樂意與大家分享這一切，因為萬物無限的多樣性正是讓生命如此美好的原因，而往外眺望那些豐盛與美好，又是多麼令人愉悅的一件事啊！雖然世界獻給我們的禮物與歡愉九輩子都享用不盡，但其實擁有一個無限美好的瞬間就很足夠了。貓咪奧祕中最重要的啟示就是：生命是美好的。深刻的寧靜與平和，讓我們發出滿足的呼嚕聲。

貓咪的建議

　　所有的事物都為了你而來到眼前，你期盼已久的目標即將實現，這是豐收的時刻，事物已經熟成，可以收穫了，你也終於可以放鬆享受滿足，世界完全符合你的喜好，將所有你需要的都帶來身邊，讓你感到平和圓滿，就像詩人史蒂文森（Robert Louis Stevenson）所寫的：「當世界萬物都如此圓滿，我確信，我們應該快樂得像個皇帝一樣。」──或者快樂得像隻貓。

∽∽∽ 當牌上下顛倒 ∽∽∽

你可能覺得自己被隔離於世界之外，感到疏離，並對所有原本賦予生命意義的事物失去興趣，這可能表示你需要結束一些事情，可能是一些早已懸在邊緣而遲遲無法解決的事，那些你不願意面對與承認的事物開始啟動自生自滅的過程，只要願意放下，你就可以帶著希望眺望新的地平線。

CHAPTER 3

貓咪族群
小阿卡納

The Cat Clans
Minor Arcana

火族貓的故事
Tales of the Fire Cats

　　所有的貓都崇愛溫熱，我們追逐陽光照耀的地方，在火爐邊伸懶腰，喜歡窩在一起互相取暖。對火族的貓來說，火焰的意義遠超過溫度，它是光明的象徵，也是勇敢又高貴的貓咪靈魂爲了卓越而做的努力。

　　火族貓是爲了正義挺身而出的優秀戰士，在尋找愛侶時，也是熱情如火的情人。他們是大膽的冒險家、夢想家，喜歡黑夜的程度與喜歡照亮黑夜之火的程度不相上下，好奇心與膽量常常讓他們陷入極具挑戰的困境，但他們毫無恐懼。

　　火族最原始的緣起被時間和傳說給遮掩了，畢竟火族貓非常善於編織一些誇張的成就和功績，但一般認爲他們是太陽女神塞赫麥特（Sekhmet）的傳人，而那的確是事實，因爲他們有很長一段時間是女神廟的守護者與祭司，在所有部族中，他們是最有靈性的，火族貓總是不斷找尋神祕的獵物來滋養他們的靈魂。

Ace of Fire

——

火族 1

現在你來到了火族的領地，他們的族徽象徵著：這是一個讓膽量、勇氣、創造力發光茁壯的地方。你在這裡遇到的貓咪們，將為你帶來許多挑戰，並將你推向偉大的成就，火族貓的生存之道就是立即行動。

貓咪的建議

現在，你擁有創新的機會，同時還具備了創新的能量及意志力。如果你正考慮要開創一條新的道路，現在正是時候。如果你正追逐著一些你非常熱中的事物，你的激情將會帶領你向前邁進。如果你為了尋找一個答案而抽到這張牌，那麼答案就是：Yes ！

當牌上下顛倒

火已經熄滅了，而你對正在考慮的事已經沒有太多的能量與動力。儲存你的資源，直到熱情再度燃起，想想什麼會重新引起你的興趣？如果你為了尋找一個答案而抽到這張逆向牌，答案是：時候未到。

Two of Fire

火族 2

靜止在兩個世界之間，這隻貓咪正思慮著她可以做的選擇：一邊是深藏在黑暗中的冒險，另外一邊則是安全、有保障且光明的庇護所。雖然火族貓咪天生就為了冒險而活，但要離開現在所擁有的安全舒適進入下一個可能之前，並不需要太匆忙。站在這個門檻的最佳位置上，這隻貓咪從容的利用她所需的時間來思考。

貓咪的建議

雖然眼前出現了對你有利的機會，但似乎還不到展開行動的最佳時機。要小心謹慎的好好想一想，對你來說，花點時間慎重觀察與沉思，要比盲目冒進還有利。

當牌上下顛倒

你還在等什麼？這個問句並不是在催促你，而是要你真的去思考：在採取行動前，還有什麼需要瞭解或熟悉的？如果必要，盡可能從他人那兒收集更多資訊，但最重要的是相信你的直覺。

Three of Fire

火族 3

貓咪是好奇的動物，我們就是想知道關著的門背後有什麼在等著我們，想知道那些離開我們視線、脫離我們掌握的到底是什麼。雖然一腳踏進未知確實需要一些勇氣，但除此之外，還有什麼方法可以將我們從黑暗帶到光明？這隻大膽的貓咪跨出充滿信心的步伐，有個超出她視線的東西正吸引著她——也許向她招手的就是那沒人了解的奧祕，是那股想要滿足好奇心、探索光源的渴望。

貓咪的建議

現在正是時候，離開熟悉的安全地帶吧！你的下一步需要冒一點風險，但得到的報償將遠超過損失，你待在渾沌暗處已經夠久了，如果你想要獲得光明、領悟，必須跨出邁向光亮的第一步。

當牌上下顛倒

把握機會確實會讓我們學習與成長，但有時在某些狀況下你必須多確認一下，警慎評估可能造成的危險，在跨出步伐前多觀察、多注意。

Four of Fire

火族 4

每個部族都有屬於他們自己獨特的成長儀式和典禮，各自用不同的方式與神聖的貓族天性連結。對最具靈性的火族貓咪來說，所有奧祕力量的源頭就是光。在聖殿裡，他們每一個都對著耀眼發光的神聖奧祕沉思，並崇拜那散發自內在的美麗光芒。

貓咪的建議

世間的俗務並不能完全滋養你的靈魂，建議你花一點時間浸淫在奇蹟、美麗、神奇的事物中，並與神聖連結。如果你有自己的儀式或靈修方法，最好每天都多花一點時間及精力在這上面；如果你沒有這方面的經驗，現在正是時候去為你自己創造一個。去尋找你的光吧！

∽∽ 當牌上下顛倒 ∽∽

「火族4」逆向牌的意義基本上與正向牌一樣，要補充的訊息是讓其他人參與你的儀式，同時要向內在探索神祕之光。

Five of Fire

火族 5

學習一項新技術最好的方式就是透過玩耍，而我們從很小就非常擅長此道，即使是最幼小的貓咪也會撲擊、偷襲，並學會進攻或臣服的姿勢。當他們用那毛茸茸的小爪粗魯的撲倒同伴時，喉嚨裡還會發出像老虎一般凶猛的怒吼，那不只是好玩而已，還可以讓他們做好準備，去面對長大後可能會遭遇的困難與挑戰。

貓咪的建議

競爭可以讓每個人的技能提升，但記得要保持友善的態度。如果緊張與壓力形成了，可以藉幽默感和運動精神去化解。要記得，你們每個人都是站在同一陣線的。

～✃╱━ 當牌上下顛倒 ━╱✃～

在這個狀況下，有人變得很嗜血，而忘記大家的競爭是為了抵達同樣的目標。你必須先去解決爭端與衝突，才有可能讓事情繼續進行下去。

Six of Fire

火族 6

到底貓咪的領導者是怎麼形成的呢？有些貓咪天生就是領袖，他們有的是在求偶打鬥中獲勝，藉由成功宣示領地而建立地位，有的則完全是因為個性溫暖的魅力而吸引群眾。那些象徵崇拜與愛慕的禮物會送到這位高尚的領袖身邊，而他也會欣然接受。當一隻貓咪值得尊敬，我們絕不吝於展現我們的崇拜，因為當部族裡出現這樣的代表人物，會讓全部族成員都受益。

貓咪的建議

如果你被賦予領導者的角色，優雅且感激的接受吧！這是一個讓你的天賦完全展現的機會，是你自己贏得了這個機會。獲得個人成就的同時，你也得負起責任，讓你的典範啟發其他人邁向更偉大的目標。

當牌上下顛倒

不要讓你的腦子填滿地位與權勢，因為別人對你的尊敬也可能在眨眼間收回，甚至因為忌妒或憤恨，那些人可能已經開始反對你了。你現在應該要謹慎，並在行為上展現你的氣度。

Seven of Fire

火族 7

當眞理站在他們這一邊的時候，火族貓咪絕對不會從戰鬥中退縮，特別是在守護地盤的挑戰中。體格勇健並不是決定勝負的唯一條件，主要還是要看個人意志力的展現。當一隻貓咪遇上挑戰者，並想要將對方逐出領地時，他會凶猛的展現自己的力量及勇氣，把對方趕走——這些侵略者是絕對不可能通行！

貓咪的建議

即使有許多困難阻撓你，但只要你的立場正當，就永遠會在一個有利的位置。別人可能會挑戰你，並測試你對自己的選擇是否堅定不移，記得永遠要相信自己的理想，並眞誠以對。

ᘓᘓ 當牌上下顛倒 ᘓᘓ

持續保持防衛的態度實在很累人，如果那些反對你的人從不退縮，或者你一直持續感到危險不安、不斷被攻擊，那麼你可能處在一個不適合繼續堅持的立場，不妨考慮做些更動，或是尋求一個妥協的新方法。

Eight of Fire

火族 8

我們都有過這種感覺，通常發生在一天中能量轉換的時刻——清晨或傍晚，但也可能在任何時間發生，甚而征服了我們。那是一種令人費解、追求速度的欲望。有股衝動讓我們想要盡情狂奔，沒有目標，不是在追逐獵物，也沒有外在的刺激，純粹只是內在野性的爆發，即使最馴服的貓咪也不能免除，那是一股無法控制的力量——這神祕的呼喚一定得以最猛烈、最瘋狂的行動來回應，才能得到愉悅與滿足。

貓咪的建議

如果你需要行動，那就行動吧！順從那股煩躁不安、心癢難耐、想要改變生命的渴望，這時你可能會覺得必須急著行動，去解決一些拖延已久的事情，好好運用這股衝動吧，讓這受到啟發的爆發力徹底發揮。

ﻌﻌﻌ 當牌上下顛倒 ﻌﻌﻌ

散漫的行動只會消耗你的能量，無法達成任何目標，順從本能雖然很好，但現在可能是停止從一個衝動跳到下一個衝動的時候了。不妨靜靜的坐下來設定一個目標，即使只是一個短期的目的。總之，請不要再匆忙行事了。

Nine of Fire

火族 9

火族貓咪會議的成員們聚集在大殿，正醞釀著魔法的能量，並將它傳送出去，以增加族群的力量。他們受到神祕四元素中的火元素影響，且將這種本質能量蘊藏在他們的意志力中，當他們注視著金色的火焰時，每一隻貓咪都可以感知那從靈魂之火迸出的答案，而這就是貓咪最耀眼、最優越的純淨力量。

貓咪的建議

你擁有達成目標所需的技術、能量，以及意志力，你已經可以完全掌握自己的熱情，並能夠將它化為極具創意的實踐力，你的行動可以幫助所有受你影響的人們。

～ 當牌上下顛倒 ～

你的創意之火需要集中，並且找到發洩的出口，但單憑一己之力似乎很難辦到，好的想法不斷蒸散，計畫一件件被棄置遺忘，那些轉化的能量漸漸變得黯淡，甚至消逝。建議你尋找一些可以分享你熱情的同伴，並讓你的興致保持活躍。

Ten of Fire

火族 10

「**火**族9」裡貓咪會議中央的火完全失控了！一次納入太多能量，以致爆發的力道太炙熱，貓咪們完全無法控制。也就是說，如果沒有明智的運用對靈性的熱情，有時就會太過頭。會議中集體的意志力現在四分五裂——現在每隻貓咪都只能顧好自己了。

貓咪的建議

當事情變化多端的時候，你必須等到狀況稍微平靜下來再展開行動。同時，觀察混亂發生的原因。你是不是介入太多？是不是同時進行太多不同的工作，導致能量耗竭了？下一次，重新思考你的策略，這樣才不會浪費了你的能力及精力。

〜〜 **當牌上下顛倒** 〜〜

能量漸漸穩定下來了，所有的事情很快就會平靜下來，無須手忙腳亂急著滅火——它們自己會找到出路，也或許是別人會來收拾殘局。請不要讓自己承擔太多，而讓你的能力都消耗在無謂的擔憂上。

Fire Kitten

火族小貓

喔～多美麗的火焰呀！它翻飛跳躍，吸引好奇的小貓愈靠愈近、愈靠愈近……。要學習關於火的事只有一個方法，而這隻火族小貓學得很快：她的鬍鬚點燃了，尾巴正在悶燒，這就是她為了增加知識與經驗而付出的代價。

貓咪的建議

好奇心會讓你燃起對於開創新事物的熱誠，同時帶來喜悅。只要你試著不帶任何期待與先入為主的觀念去學習新的技術、拓展新的熱情，今日的探索就會為將來的成長開啟一個機會。不要害怕在過程中會被小小的灼傷，改變的發生就取決於你如何成長與學習。

～～～ **當牌上下顛倒** ～～～

把握機會是很好，但當你在追求新體驗的同時，也要注意不要失去平衡。不要涉入有風險或不成熟的行動，也不要鼓勵他人這麼做。從眼前的火焰退一步，好好觀察現狀，然後再繼續往前。

Fire Tom

火族公貓

結合膽量與優雅，這隻火族公貓順暢的穿過這片蠟燭林立的區域，他那敏捷的身手就像一陣熱風吹過燭火，而他的眼神從沒離開過目標。當這隻火族公貓想要達成某個目的時，他的注意力變得格外專注，而在追逐渴望的時候，他變得恣意魯莽，然而結合了好運與技巧，他還是可以大膽的躍進。

貓咪的建議

只要你保持頭腦清晰，不魯莽衝動，並相信那些經由嘗試錯誤而得來的經驗，勇氣與膽量便能帶領你穿越任何困難。然而，光是「想要」是不夠的──你必須展開行動去達成目標。敏捷而充滿自信的朝著目標行動吧！

當牌上下顛倒

請稍微脫離狂熱的狀態，在你展開行動前好好評估狀況。你那總是想要迅速做出反應的天性，現在無法帶給你好處，反而會讓你陷入玉石俱焚的慘劇。現在你需要的是理性思考，必要的話，聽從一些別人的建議。

Fire Queen

火族王后

平靜安詳的觀賞著為了表達對皇室尊敬而施放的煙火，火族王后陶醉在火光的絢麗與魔法裡。她是一個十足的冒險者，喜歡閃爍而充滿娛樂效果的玩具，也喜歡狩獵，不過比較愛追逐而非獵殺的部分——因為她的心仁慈而高貴。作為一個伴侶，她熱情如火，同時也享受孩子們的嬉戲胡鬧與那些不可預測的行為。這位王后的幽默感讓她的心一直保持輕鬆愉快。她既是靈感的泉源，也提供了創新的視野。

貓咪的建議

是什麼讓你的眼神發光？是什麼點燃了你內在的熱情之火？當你對生命充滿了熱誠，你那光芒四射的靈魂也會啟發別人，讓別人也跟著發光。找到你自己的靈感泉源，好讓你可以持續的做別人的繆思女神。

當牌上下顛倒

你對生活的熱情目前可能受到一些挫折與阻礙，如果你對那些熱愛的事物失去了興趣，可以試著尋找重新點燃熱情的方法，或者乾脆繼續前進尋找新的熱情，無論選擇哪一項，你都必須重新找到自己內在的光芒。

Fire King

火族國王

火族國王散發著魅力與尊貴的氣質，他那勇敢的心足以抵擋任何挑戰，而他早就準備好迎接戰鬥——如果必要的話。不過，他自己是不會任意挑起鬥爭的。他的自信與幽默感讓部族成員對他忠心不二，並非常樂於接受他的領導。女性們非常愛慕他，因為他既殷勤又浪漫，當然還充滿了熱情。這位國王積極進取，容不下任何失敗，而他對別人膽小害怕的心態也沒什麼耐性。他是一座勇氣的燈塔，炙熱的烽火熊熊燃燒，永不熄滅。

貓咪的建議

驕傲的站穩立場，展現你的力量吧！沒有人可以否定你具備了好領袖的條件，而你的自信也啟發了其他人。如果你已傾注了所有的能量，那麼你正在進行的所有事情都可以完美實現。

◇◇◇ 當牌上下顛倒 ◇◇◇

當心不要誤用了你所掌握的權力。不要太快評斷別人的能力，因為那些人可能跟你一樣能幹，只是現在他們必須為自己多負一些責任。分享領導者的角色，可以使你避免承擔過多的責任，而失去眾人一直以來的支持。

海族貓的故事

Tales of the
Sea Cats

　　貓咪與水是老朋友了，不過我們是憑經驗來決定要和水做怎麼樣的朋友的。有些貓咪喜歡游泳，會開心的跳進比我們身材還要深的水池裡，而有些只是用手掌輕巧的沾沾水玩耍，或者開心的看著耀眼的噴泉。還有一群海族貓咪，對他們來說，水是母親、情人、家，也是喜悅，他們的心總是嚮往著那隨著月圓、月缺起伏的潮汐，嚮往著溪流的潺潺水聲，以及陽光照耀下波光粼粼的美麗湖面。

　　在所有貓族裡，海族貓是最有靈性的，他們知道你心裡在想什麼，而你也可以放心的跟他們分享你的祕密。海族貓很情緒化、感性、深沉，並充滿智慧。

　　在海族的傳說中，描述著海族貓咪來自一個很大的島嶼，最後這個島消失在海底，而部分的海族貓咪化身成美人魚繼續生存在海裡。也許，當貓咪帶著迷濛的眼神盯著某個方向看的時候，就是正在聽著只有海族貓可以聽見的美人魚唱歌呢！

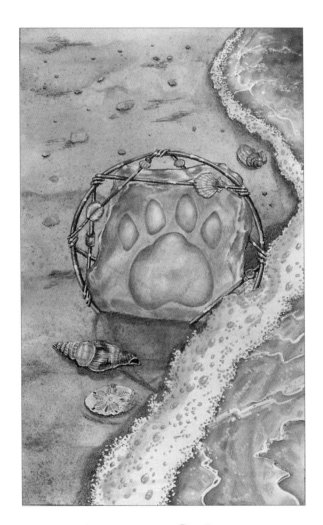

Ace of Sea

海族 1

你 現在進入了海族的領地，他們的徽章象徵著：這是一個可以讓你的想象力及情感自由流動的地方。你在這裡遇見的貓咪會熱情歡迎你，並傾聽你的夢。海族貓咪的道路就是愛的道路。

貓咪的建議

現在是回應心的呼喚的時候了，如果你可以敞開自己，接受那些心的聲音，喜悅就會毫無阻礙的來到你身邊，你可以盡情享有善意、友誼和愛。如果你抽到這張牌，那麼你問題的答案就是：Yes！

當牌上下顛倒

有些東西正從你身邊退去，無論那是具體有形的事物，還是只是你自己情緒的反應，接受它，將它視為事物的自然潮汐變化。讓你的哀傷自由流動，同時相信快樂遲早會流回你身邊。如果你抽到這張逆向牌，那麼答案是：No。

Two of Sea

—

海族 2

啊，浪漫！那神奇的一刻就發生在你注視著對方的眼睛，看見最完美的自己倒映在其中，心愛的人一切都充滿魅力——他的毛皮、香氣，以及構成他特質的所有驚奇之處。戀情一開始的癡狂可能會愈來愈深刻，也可能漸漸褪去，但只要它還持續發酵，這世界就只剩你們兩個。

貓咪的建議

一段新的戀情可能會降臨，而如果你已經在戀愛中，新鮮的浪漫感覺會突然湧現。你可以信任那股牽引你走向愛人身邊的吸引力，你的心會因此而獲得安穩的保護。

當牌上下顛倒

某些事情介入了你與愛人之間，可能來自內在，也可能來自外在，讓愛的流動受到了阻礙，但可能只是暫時的。去找出窒塞的原因吧——恐懼、回憶、忌妒，或是一些舊的習性，都可能影響了當下的決定。

Three of Sea

海族 3

我們很珍惜族群同伴的情誼，但有的時候，在最意想不到的狀況下，也會交到其他族類的朋友，友誼爲彼此的差異搭起了橋梁，同時還可以共享愉快時光，例如：太陽照在皮毛上的溫暖、如音樂般的浪潮聲，或是甜美的鮮魚大餐。眞正的朋友可以分享寂靜無聲的陪伴，只要對方在附近就覺得很舒服，而友情就是在這麼簡單的相處時刻變得更堅定。

貓咪的建議

近期內不妨安排跟朋友們聚會吧！記得，別人從你的陪伴中得到的快樂，跟你從別人那兒得到的是一樣的，而那並不需要安排特別的活動或內容才能達成——只要在一起相處就夠了。慶祝在你生命中出現的友誼吧！

當牌上下顚倒

有的時候會發現每個人似乎各奔前程、漸行漸遠，大家都有自己的重要安排與計畫，膚淺瑣碎的聯繫取代了深刻的交談。試著覺察友誼變得薄弱的訊號，並設法強化這份關係。

Four of Sea

海族 4

海族貓咪有時很情緒化，他們對生命的熱情起起伏伏，像潮水一樣流動。當他們陷入不滿足、不開心的狀況時，即使最誘人的美景在眼前也無動於衷，即使經驗告訴他們這世界一點也不無聊，但他們仍覺得沒有什麼值得去做的，而這慵懶麻木的態度必須等它自己慢慢褪去。

貓咪的建議

如果現在沒有什麼事能夠吸引你或讓你感興趣，沒關係，保持現狀就好。這特別適用於眼前出現許多不同選擇時，如果你找不出任何一個讓你感興趣的選項，那麼就先不要選擇。如果這張牌問的是關於其他人的事，那麼最好讓他們靜一靜，不要再去惹他們，讓他們低迷的狀態慢慢過去。

當牌上下顛倒

導致全身乏力的原因就快要得到解答了，最好多傾聽你的夢，並關注那些出現在白日夢中的景象，內在的倦怠感就會慢慢轉化成平靜、冥想式的內在智慧。請注意各種象徵、預兆及靈性的訊息。

Five of Sea

海族 5

貓咪不喜歡失敗。對我們來說，失去尊嚴簡直跟身體的痛楚一樣難受。當我們試著做某件事卻失敗了，而別人還見證了整個過程，那會讓我們更痛苦。例如牌上的這隻貓咪，他在抓魚時不幸落水，魚卻還在原處，當然他可以再試一次，但首先他得照顧自己受挫的靈魂，以及濕答答的尊嚴。

貓咪的建議

當你遇到挫折或被拒絕的時候，感到失望是很正常的，特別是當你很想得到卻又無法得手的時候，只要記得，故事還沒結束，好好整理自己的狀態，重新再試一次吧！

當牌上下顛倒

現在機會已經圍繞著你，而接下來還有更多好事將要發生。確認自己已經完全放下對過去的悔恨與失望，並且充滿希望的想著自己將要成就的事。這樣，你就已經準備好去嘗試與實踐所有本來就該屬於你的好事。

Six of Sea

海族 6

我們一輩子都在享受玩樂，但孩提時貓咪嬉鬧的程度又更形激烈，不像成貓還曉得要稍微自我約束。角色扮演完全占據了這些小貓的想像力——當他們假裝悄悄接近獵物時會興奮得全身顫抖，而當同伴突然撲在自己身上的時候，又嚇得吱吱尖叫。這些大膽的海族小貓們無懼的躍進泳池裡，想像自己是偉大的老虎。

貓咪的建議

尊嚴與成熟是很好的特質，但我們仍需保持玩樂的能力，保持靈魂的青春會讓生命充滿歡樂。回想一下你的孩童時光，什麼曾帶給你極大的喜悅？你要怎麼樣才能再一次享受那天眞無邪的快樂？

當牌上下顛倒

你完全沉浸在記憶與懷舊中，但那些不見得與現實有關。請你回到當下，並接受成長的責任，試著在玩樂的心與有意義的工作中找到平衡，將那些綺麗夢想與想象力用在有創意的事物上。

Seven of Sea

海族 7

這隻海族貓咪對眼前飄浮的景象感到驚奇，那麼清晰又那麼引人注目，卻完全無法碰觸，它們是真的嗎？如果某樣東西既不能捉摸又不能掌握，那麼它真的存在嗎？這隻貓咪完全被攫住了，困在幻影與真實之間，眼前這個獵物是他完全無法理解、更無法捕捉征服的。

貓咪的建議

你正在追逐的事物只是個幻象，而且是你完全無法捉摸的。白日夢對於創意的啟發是很好的，但你無法憑藉白日夢存活，你必須做出具體而明確的選擇，去創造你真正想要及需要的現實。

〜〜〜 **當牌上下顛倒** 〜〜〜

當你打破幻想的泡泡，開始看見事物真實的面貌，困擾你的迷霧就會開始散去。現在，做決定已經變得比較簡單，而你可以信任那些即將出現的訊息，並展開行動去實踐，你的夢想就會成真。

Eight of Sea

海族 8

遠離家園，不斷流浪與迷失的這隻海族貓咪，無意間來到一個古老的部族聖壇，也許從前這裡並不像現在這麼荒涼，也許這個聖壇一直以來就是撫慰寂寞流浪者的地方。當貓咪在此稍作休息之後，他傾聽貝殼裡傳來的海洋之歌的回音，他的心，開始嚮往所有他曾經愛過的事物。

貓咪的建議

你是不是開始脫離了那些會讓你感到幸福的事物？你是不是放逐了自己，遠離所有陪伴與情感上的關注？害怕展現自己的脆弱，會導致你變得孤僻，並與群體疏離。傾聽你的心，並找到回家的路。

當牌上下顛倒

你可能太執著於那些傷害或耗損靈性的事物，如果你一直有無力感，或無法脫離靈魂耗弱的狀況，那麼最好開始尋求幫助與指導，因為有時心裡最深處的渴望實在太寂靜了，以至於連自己也聽不見。

Nine of Sea

海族 9

我們的睡眠不只是為了讓身體休息與復原，在夢境的深處，我們還可以看見所有我們渴望並值得擁有的美好事物，同時藉由期望，我們已經開始讓它們逐一實現。在這神祕的想像中，沒有恐懼與懷疑——只有對於幸福甜蜜純粹的保證，所有貓咪夢見的都將成真。

貓咪的建議

只要你相信，所有最甜美的夢，以及全心全意許下的願望，現在都將實現。愛、美與喜悅都將屬於你，敞開你自己去接受它們吧，因為所有美好的事物都只屬於敢於夢想的人。

當牌上下顛倒

你相信自己值得擁有快樂嗎？你真的相信宇宙為你保留了所有美好與喜悅嗎？你不願意表達自己的願望，也不展開實際的行動，都會讓你失去夢想成真的機會，不要因為恐懼或缺乏對自己的愛而浪費了這些機會。

Ten of Sea

海族 10

貓咪對家族的奉獻像海洋一樣深。表面上，它看起來可能像海浪一樣起起伏伏、流動不定，畢竟我們是情感的造物，帶著情緒生活著，但那些小小的不愉快背後，有著對彼此堅定不移的承諾。這就是為什麼我們會形成族群的原因，一切都開始於家人間彼此庇護、擁抱的愛。

貓咪的建議

去尋求族群的支持吧！無論是來自你血緣上的家族，或是內心和意志與你親近的人。家族的力量就展現在全體能量擴張的時候，每個成員的價值都得以顯現，並被接受，而這個群體逐漸擴張的同時，還可以接納、包容其他人。因此，開始將所有親近你的人都納入你所愛的範圍中吧！

◞◞ 當牌上下顛倒 ◟◟

即使是關係親密的家族，太密集的聚會與相處也可能導致爭執與衝突。現在你可能感到太擁擠，有種窒息的感覺，可能需要一點自己的空間，去重新體會珍惜所愛的感覺。如果你已經結婚，並有了孩子，找一段與伴侶獨處的時光，對你是有益處的。

Sea Kitten

海族小貓

這隻海族小貓第一次來到海邊，她被浪花的波動給深深吸引著，開心追逐著海浪，並往水深處跑去，但她對接下來將要發生的事完全沒有心理準備——海浪回過頭來追她了！這隻小貓完全被海洋的力量及廣闊給震懾住，但她很快就會學到一切。

貓咪的建議

情緒的潮水在你周圍旋繞，而你正學著去掌控它們——就像小貓學習海浪的流動。你的感受非常表面，這對你有好有壞。最好對你自己多寬容一些，當我們漸漸成熟，並增長智慧之後，那深沉與起伏的情緒就顯得不再那麼嚇人，而我們也勇於投身其中。

當牌上下顛倒

你的情緒得到太多能量，形成極大的威脅，幾乎要吞噬你了，除非你學著去管理它們。現在，你要避免做出一些不成熟的舉動，或任由衝動去做出聳人聽聞的事。如果過去你曾經歷經了一些創傷，也許現在正是時候去釋放並療癒你的情緒。

Sea Tom

海族公貓

在這寧靜、被太陽曬得很溫暖的海灘上，海族公貓正在討一個溫柔的撫慰。他的生活裡充滿愛，爲了追求所愛，也願意展現自己的柔軟與脆弱。雖然他有可能是個愛打情罵俏的多情種子，而不是願意承諾的伴侶，但總是能贏得伴侶與朋友們的喜愛，因爲他敞開心胸、誠心誠意對待別人。他絕對是個萬人迷，而他也同樣認爲你的美麗無與倫比。

貓咪的建議

讓你熱血的靈魂帶你勇往直前，尋找幸福，也許你會找到一位伴侶，或是一件你非常熱愛的事。你對自己的心是如此眞實，因此無所畏懼。如果這張牌指的不是你自己，那麼很有可能將會遇見一段羅曼史，或是其他吸引你的機會來到身邊。

當牌上下顛倒

請確認一下，你與正熱心投入的對象之間，對彼此的期待是否平等。不要玩弄別人的感受，更不要追求輕浮的浪漫，那些對你來說輕鬆又隨興的事情，也許對別人很重要。反之亦然。

Sea Queen

海族王后

海族王后帶著甜美的愛，寧靜而幸福的注視著她的世界。對於她的家人和族群子民們，她總是可以直覺又敏感的覺察到每個人的情緒。她是個溫柔的母親，即使子女早已成年，仍不吝奉獻她的關懷與照顧。她那夢幻的天性，以及溫柔善良的個性，總是可以吸引許多貓咪前來分享友誼或戀情。一旦她選擇了自己的伴侶，將會全心全意的投入。這位王后的愛就像那座裝飾領地的美麗噴泉，總是自然湧現，源源不絕。

貓咪的建議

保持一顆敞開的心，傾聽夢想，遵循直覺的指引，並尊重自己敏感的天性，那麼，你將可以享受到最大的喜悅。相信你對所愛的人付出了敞開的愛，一定會得到極大的感激。如果這張牌指的不是一個人，那麼它可能表示靈性覺知的開展，使你得以感知他人微妙的變化。

當牌上下顛倒

小心！不要變成一個靈性的海綿，不斷吸收每個人的情緒，並把它當成自己的。也不要過分依賴你愛的人，讓他們覺得滿足你的快樂是一項義務，甚至他們自己要得到快樂也必須遵照你的意思。請學習帶著仁慈之心斷、捨、離。

Sea King

海族國王

像他的王后一樣，海族國王的心滿溢著愛。他的天性愛好平和，情緒智商高，追求極致的寧靜與和諧。如果必要，他還是會捍衛他的家族，但總是會先釋出和解與協商的誠意。他慈悲的聲望早就超越了自己的族群，聲名遠播，因此每逢紛爭，大家總是來尋求他智慧的建議。溫柔而堅強，這位國王是個多情、敏感的伴侶，也是守護子女的好父親。

貓咪的建議

你是個和平使者，他人總是想從你這裡得到平靜的力量與肯定，而你確實值得受人尊敬，因為你總是真心誠意的將善意帶給人們。每個在你身邊的人都能受到你慈悲智慧的影響，而你也總是能給予別人忠告，卻不會將別人的問題混淆當成自己的問題。

當牌上下顛倒

從不同的角度分析狀況是好的，但記住，錯的就是錯的，不要讓偏好和解的傾向將自己的價值觀都折損、妥協了。為了忠於自我，有時你可能必須讓別人感到失望。

天族貓的故事
Tales of the Sky Cats

　　天族貓的個性就像尖牙利爪一樣銳利，他們不信任任何人，即使自己的族類也不信任。他們一年四季都生活在天空之下，對於遮避風雨的牆和屋頂都帶著強烈的懷疑，覺得會被限制或拘束。他們的個性充滿防衛性，神經緊繃，並且非常具攻擊性。

　　天族貓咪有著高度敏捷的智慧，同時也是一個殘酷的對手，如果他們找不到可以追捕的獵物，就會開始惹事生非。其中有些貓咪個性孤僻，習慣獨來獨往，總是住在部族領地的外緣，其他則喜歡聚在一起，形成劫掠的幫派，只要有個性溫馴的貓咪經過他們占據的路徑，他們就會大肆霸凌一番，打架是家常便飯，尤其在交配的季節更是特別激烈。

　　天族貓咪們都有自己個人的律法，一點也不在乎公眾的觀點。其中那些最聰明的，懂得節制自己的脾氣，並將敏銳的聰明才智用在好的地方；其他則過著匆促又充滿暴力的生活。一開始，天族的成員是由一些放逐者所組成的，不是自動拋棄自己原來的族群，就是因為不合群、不願意和平度日而被迫離開，但經過幾個世代之後，他們也形成了階級，國王與王后是經由爭鬥脫穎而出的，之後就一直以血緣傳承下來，現在，再也沒有人敢挑戰他們的地位了。

Ace of Sky

天族 1

你現在進入天族的領地了，他們的徽章象徵著：當你進入這裡，最好充分保護好自己，並隨時準備鬥智鬥勇。在這裡，無論你遇上什麼貓咪，最好都要小心謹慎，天族貓咪的生存之道就是衝突與鬥爭。

貓咪的建議

在這段時間，你的心智最好保持警覺，感知覺察也要保持清晰，因為這份清明覺醒會幫助你做出正確的行為，並遠離那些造成傷害的決定。小心謹慎是必要的，但如果你可以保持正直的態度，也可能會有很大的改進。如果你為了一個問題抽到這張牌，那麼答案是：Yes！但要保持謹慎。

當牌上下顛倒

太多想法及問題在你頭腦裡打轉，以致無法成就有意義的進展。靈感來得快，卻又稍縱即逝，根本還來不及專心投入或付諸實現，因為中間有太多事務讓你分心。如果你為了一個問題抽到這張牌，那麼答案是：No。

Two of Sky

天族 2

在空氣中偵察到其他貓咪的氣味了，到底他們是敵是友呢？這隻天族貓抬起頭，專注於他的感官，更加仔細的辨識著，現在收集到的訊息將決定他下一步的行動，萬一踏入了敵人的領地，下場會非常危險，除非他可以掌握更多訊息，不然寧願在原地靜止不動。

貓咪的建議

在你做出任何行動前，不如先保持鎮靜，並回歸你的核心。這樣做也許需要一點耐心，卻是非常值得的。為了搶一個沒有多大意義的領先優勢而貿然行動，會讓你什麼也得不到。試著取得更多訊息，注意細節，然後相信你的直覺，它會告訴你怎麼做才安全，並能獲得最後的勝利。

∽∽ 當牌上下顛倒 ∽∽

現在你可以辨別風向往哪吹，但你對自己的觀點還是稍稍存疑。經過了一段壓抑與緊張的時刻，現在你的能量可能還很低，沒關係，讓自己多等待一會兒，等到自己十分確定再說。

Three of Sky

天族 3

如果願意，我們貓族可以優雅的在易碎物之間穿梭，然而這幾隻愛惹麻煩的天族貓咪，卻選擇恣意破壞以娛樂自己，畢竟那些珍貴的飾品和寶物只有在落地應聲而碎的瞬間，才能顯示它們的價值。這些貓咪對自己隨興的惡作劇，感到非常開心。因為對他們來說，所到之處留下的破壞痕跡，實在是太滑稽了。

貓咪的建議

不要拘泥於瑣碎的爭執，也不要捲入無意義的誇張鬧劇，這些行為對你來說都太低級了。試著去拒絕那些要你捨棄自己的價值觀才能換取的同伴情誼，與其加入那些愛惹麻煩、總是引起爭執的群眾，不如享受自己獨處的時光，還更有益處。

當牌上下顛倒

災難將要降臨在那些愛惡作劇、惹麻煩的傢伙身上了。如果你也曾經參與製造這些鬧劇，最好立即賠罪；如果你在過程中受傷了，就任由命運安排發展吧！接下來不會有更多的審判——因為它早已降臨。

Four of Sky

天族 4

有時生在天族裡的貓咪，不一定能忍受族群的好鬥天性。像這隻個性溫馴的貓咪，脫離了群體，遠遠躲到薰衣草花叢裡，因為那裡可以撫平他焦躁的靈魂。雖然過了一段時間之後，他還是得回到族群中去處理那些困難與挑戰，但現在，他只想把整個世界與麻煩關掉，蜷曲在平和安詳的夢境裡。

貓咪的建議

你需要找一個安靜的地方，遠離日常生活中的嘈雜與責任，即使只是一小段時間也好。如果你捲入了爭執與毫無收穫的討論，暫時離開一下，花點時間獨自思考，這樣可以讓你有很大的突破。回到核心會幫助你重新找到方向。

當牌上下顛倒

太常從問題叢生的環境逃離，有可能會造成負面消沉的個性，如果沒有採取一些行動，事情是不會好轉的。不妨試著尋求協助，尋找一個可以長久維持平和的方法，而不只是暫時休戰。現在是讓其他人介入的時刻了。

Five of Sky

天族 5

其他族群都很歡迎新成員，只有天族貓咪對外來者總是抱著懷疑的態度。成群的天族成貓會在他們的領地上閒晃，只要遇到不認識的貓就開始挑釁。這些流氓混混一旦成群結隊，會比單獨行動時更大膽，霸凌的手段更是殘酷無情。那隻可憐而無害的加拿大無毛貓，此刻一定希望趕快逃離，在其他地方找到更溫暖的歡迎儀式。

貓咪的建議

你無法從一群毫無榮譽感的人那兒贏得勝利，你也無法與封閉的心智論證，而對於封閉的心，你更無法說服他敞開。如果你是霸凌者或領導烏合之眾的人，最好停下來想想你自己的行為，不計一切代價贏得的勝利，其實是非常空洞的。

當牌上下顛倒

你現在可能正在處理因過去錯誤或傷害所留下的情緒創傷，甚至把自己的角色定位成是災害的生存者。然而，僅依據你受過的傷害來定位自己是失衡的，因為你等於是把力量交出去，託付給那個曾經傷害你的人。試著處理當下的情況，同時釋放過去傷痛的回憶。

Six of Sky

天族 6

當一個天族成員其實是很不容易的，你必須隨時保持警戒、準備戰鬥、匍匐潛行，並做好隨時會遇上敵人的準備。而這隻貓顯然已經受夠了，他把激烈的打鬥拋在身後，退到其他地方舔拭自己的傷口，並思考自己還有什麼其他的選擇。他可能會在適當的時機回到族群中，也可能從此退出，無論如何，他會繼續活下去，並面對其他的鬥爭。

貓咪的建議

離開一個糟糕的狀況並不丟臉，不要執著錯誤的想法，一直深陷在那個由自己挑起的紛爭之中，以致失去減少損失的機會。有時候，事情在剛開始時看起來很吸引人，但慢慢發展成一個扭曲的局面，最後變得站不住腳。要記得，你最在乎的人一定會瞭解你的決定，並且支持你。

～～ 當牌上下顛倒 ～～

對於未完成的事，以及被你留在困境中的人，你或許會感到後悔。試著評估在這個感覺中有多少成分是正確的，有多少只是罪惡感作祟。你是不是總認為自己應該善後？要知道這並不會為別人帶來福祉，而且會造成自己是不可或缺的假象。就讓別人為他們自己的征戰而奮鬥吧！

Seven of Sky

天族 7

嗖〜的一聲，一群黑鳥張開閃著紅光的翅膀衝到天空，把一隻天族貓咪嚇了一大跳，讓她的注意力自獵物身上轉開。正當她分心的時候，同族一隻狡猾的成員趁機潛行到身邊，想要偷走她的老鼠。現在就要看看他是不是真的可以得手，或者那隻被掠奪的貓咪能及時回神，來奪回自己的權力。

貓咪的建議

由於有太多讓你分心的事，你很可能會失去一個對你非常有價值的東西。如果想要完成所有事情，最好仔細的思考要怎麼分配你的時間與注意力。同時，由於你已經完全被繁忙的事務占滿，有些狀況可能在表面下正在醞釀，要特別小心。

當牌上下顛倒

如果你參與了有問題或不道德的行為，無論有沒有被別人舉發，最好自己把它糾正回來，必要時得勇敢道歉，並試著補償。如果這個行為已經行之有年，而不是偶然發生的，那麼要有心理準備，你可能需要花更多時間去贏回信任。

Eight of Sky

天族 8

由於部族的特性，天族貓咪常常會發現自己身陷麻煩之中。就像這隻貓咪突然遇到一陣暴風，而一個斷落的樹枝將他困在糾纏的枝條中，在驚慌失措之際，他不顧自己可能有受傷的危險，不斷滑動四肢掙扎著，其實他只要保持平靜，找到一個出口，就可以毫髮無傷、輕輕鬆鬆的脫離困境，然而他卻與一個根本不存在的敵人打鬥，徒然消耗了能量。

貓咪的建議

狀況其實沒有你想像的那麼可怕，當你覺得自己被困住了，完全沒有選擇的餘地，最好保持平靜，並試著找出一個簡單的解決辦法，冷靜的等待，直到恐懼消散。這時你若四處叫囂、發洩，只會讓情況更糟糕。運用你的聰明才智找到出路，不要讓微不足道的騷動增加你的擔憂。

～～ 當牌上下顛倒 ～～

你正受到考驗，這試煉可能來自他人或來自宇宙，趁這個機會展現你進步的能力，並發展創新的解決之道，把這當作一個開創新局的經驗——一旦你通過考驗，將會有很大的成就感，同時也會很敬佩自己。當然，別人也會有同樣的感受。

Nine of Sky

天族 9

貓咪的夢很頻繁且激烈，而我們夢裡的想像力之寬廣可能會讓其他族類感到吃驚，因為它延續了祖先的記憶，包含前世的生活，還有現在的種種經驗。至於我們的惡夢，更不用說，那可是非常嚇人且糾纏不清的。這隻天族貓就是因為他最恐懼的事都在夢裡爆發了，才會不斷顫抖著，而惡夢的影響甚至會延續到夢醒時分，即使回到比較安全的現實世界仍繼續發酵。

貓咪的建議

那完全掌控你的恐懼其實沒什麼，就只是恐懼而已。事實上，它也許跟現實一點關聯都沒有，只有在你真的相信它的存在，才會讓你自己感到脆弱。不要把惡夢的場景帶到生命中，而讓自己受困。清醒過來，好好透視所有的事情吧！

～ 當牌上下顛倒 ～

面對你的恐懼，並克服它們吧！好好整理那些造成你焦慮不安的原因，然後採取行動處理它們，必要時可以尋求別人的協助。逃避與否認對你並沒有什麼幫助，而你現在正處在一個很有力量的狀態，可以全然改變你的生命。

Ten of Sky

天族 10

這隻天族貓咪被他的族人驅逐，沒有人願意挺身幫助他。流浪，饑餓，孤獨，絕望，他已經到了忍耐的極限。也許，他已經走到九條命的盡頭，但如果別的族群願意收留他，他還是可以找到庇護，並療癒創傷。無論接下來會發生什麼，他知道自己已經走到生命的盡頭，就像他從前曾經經歷過的。

貓咪的建議

現在必須面對事實，並誠實的評估狀況。無論你怎麼假裝都已經沒用了，你期待的好事並不會發生，至少不會以你想要的模式出現。往好處想的話，這就是最壞的狀況，不會比這更糟糕了，一旦你接受了事實，不再幻想，狀況只會愈來愈好。

當牌上下顛倒

你感受到的虛弱與挫折其實有點誇張化了，並沒有精確的反映實際狀況。也許你讓別人的意見與批評完全掌控了自己，同時把他們負面的觀點當作是自己的，這些消極的能量都會把你往下拉。試著去排除它，並重新調整你對自我價值的感受。

Sky Kitten

天族小貓

有個高高飄在空中的東西已經吸引了這隻天族小貓的注意力，這是她第一次嘗試一個大跳躍，然後又一個，每一次都對準了她的目標。她正在學習征服敵人的策略與技巧，雖然在這個例子中，她的敵人只是一陣風，但是無妨，現在她需要的只是意志力，有一天她一定會成功的。

貓咪的建議

你現在開始想像自己想要過什麼樣的生活，以及自己想要成為什麼樣的人，而且面對這個新挑戰的慾望非常強烈。不要害怕過程中可能會有幾次失落的感覺，同時也不要讓自我意識阻礙你穿越慣有的舒適圈，立志去成就更大的事情吧！

當牌上下顛倒

嘗試自己能力之外的事固然很好，但要避免魯莽衝動，以免讓自己受傷。做決定的時候，記得要小心謹慎，不成熟的行為對結果無益，更不要因為你對他人或自己感到沮喪就匆忙行動。

Sky Tom

天族公貓

天族貓咪是最優秀的跳躍和攀爬能手，他們在空中好像比在地面更舒服自在。從很小很小的時候，他們就開始學習估算精確的跳躍距離，以及如何優雅的落地。在幼年時期就已練就一身完美的空中技巧，這隻成年公貓現在已經是一個毫不留情的獵人，他保持安靜，並全然的專注，然後在獵物根本還沒察覺他到來前就猛然撲向前，視線都還來不及補捉他的身影，他已經縱身彈起。

貓咪的建議

在這個狀況下，採取積極、侵略性的行動會讓你得到你想要的，但這也會讓別人付出一些代價。所以當你追求自己的目標時，不要失去最基本的良知與關懷。記得在動腦的同時也要用你的心。

當牌上下顛倒

對那些曾經傷害過你的人，你依然保持敞開與寬容之心，這並不會讓你顯得脆弱，反而是很正面的，表示你已經變得成熟，在靈性上也有所成長，你正在學習一個獲得成功的新方法。

Sky Queen

天族王后

天族王后總是高高在上，而這不僅是字面上的意義而已，事實上，她熱愛高處，常常喜歡爬得更高，因為從視野挑高之處可以看得很清楚，沒有什麼可以逃過她的**觀察**，她總是冷靜而疏離的觀察著這個世界。這位王后並不常常與她的伴侶待在一起，與她的部族成員更總是保持著警戒的距離，當她負起母親的職責時亦總是小心謹慎，等到小貓們該離開母親身邊的時候，她會毫不猶豫的離開。就像她的美麗是渾然天成的，天族王后只為自己著想的天性也是那麼的自然。

貓咪的建議

你那敏捷的機智、聰明才智，以及善於溝通的天分，對你有很大的幫助，雖然你喜歡拒人於千里之外，但一些策略聯盟對你來說卻很有價值。現在，冷靜的思考比情緒還要重要，是時候去仔細觀察，並思考未來的打算。

當牌上下顛倒

小心！不要用諷刺又苛刻的批評傷了別人，並不是每個人都有著像你一樣厚實的保護層，更何況你的行為往往會比自己原本想的還要更銳利。如果你現在覺得自己太孤獨且充滿怨懟，不妨相信深知你的同儕所給的建議，而那建議可以讓你痊癒。

Sky King

天族國王

統治整個天族需要堅定的意志與冷靜的頭腦。當周圍都是一些有暴力傾向又殘酷的傢伙，這位國王更需要保持疏離，並有宏觀的視野，使手下們對他保持著尊敬，同時也帶著戒慎恐懼的態度。他從來不讓人洞察自己的內心，也不會突然情緒失控，沒有什麼可以困擾這位天族國王——風、氣候，甚至天族滄桑的野性。

貓咪的建議

經驗與智慧讓你可以清晰的觀察狀況，並不帶情緒的給予他人客觀的建議。不要只顧著分析，而忽略除了用腦之外也需要用心關懷，因為完全不考慮他人感受的建議，對方可能不願意聽進去。

⌒⌒⌒ 當牌上下顛倒 ⌒⌒⌒

你那保持客觀距離的能力可能發揮得太過頭了，以至於你的言語或行動都變得太冷酷，沒有同理心。如果你不試著用柔軟的情感平衡銳利的心智，那麼你的能量總有一天會回過頭來傷害你。一個獨裁的暴君跟一位真正的領導者是截然不同的。

地族貓的故事
Tales of the Earth Cats

　　地族貓號稱是四族中最早形成的部族，無論是不是事實，都說明了對地族貓咪而言最重要的是：歷史、穩定、安全感。地族貓咪對他們的領地非常執著，一旦他們發現一個完美的地點，可以提供他們平和安寧的感覺，他們就不再遷移了。在他們心裡是非常安土重遷的，很珍惜他們所擁有的東西，同時也熱愛美食。

　　大自然愉悅舒適的感覺吸引著他們，比起其他族群的貓咪，他們更常與其他種動物接觸（不只是獵物）。

　　雖然必要時地族貓咪會為了他們自己的權利戰鬥，但他們大多寧願等待，讓事情最後自然水到渠成，或者讓它集結成群體的力量。他們以自己的族群為傲，重視保存部族傳說，並在一代一代傳承下去時美化潤飾它。

　　儘管凡事都把自己的部族放在第一，但善良的本性讓他們願意全面照顧所有生命的福祉。友善、安靜、喜歡舒適，地族貓咪總是在他們自己的世界裡享受自在。

Ace of Earth

地族 1

你現在進入了地族貓咪的領地，他們的徽章象徵著：在這裡你可以找到美食，以及柔軟的窩。你在這裡遇見的貓咪都很溫和、有耐心，因為地族貓的生存之道就是享受舒適！

貓咪的建議

一些有益於你的身體或物質上的好事即將降臨，也許你會得到一個禮物、一筆豐富的資產，或是健康獲得改善，無論是什麼，記得要保持感激的心，珍惜感謝會讓豐盛之流不停流動。如果你抽這張牌是為了問一個問題，那麼答案是：Yes ！

⟋⟍ 當牌上下顛倒 ⟋⟍

你似乎錯失了一個機會，因為自己太散漫、浮躁不安，以至於沒發現它就在你眼前。抑或是你懷疑自己到手的好運，因而疏忽或遲疑，以至於就讓它從手中溜走。如果你抽這張牌是為了問一個問題，那麼答案既是「Yes」，也可能是「No」，就看你自己的態度，是否可以接受這份禮物。

Two of Earth

地族 2

地族貓咪可以完美的連接大地能量，因此對於保持平衡有超乎常人的本事，甚至在所有貓族中也顯得非常不尋常。身體穩穩紮根，並保持內在核心的平衡，他們可以耍一些小把戲來娛樂自己，而這些幽默與遊戲可以讓務實的地族貓咪們避免過度嚴肅——當然，這也是他們維持平衡的本事之一。

貓咪的建議

找到你的平衡重心，以及保持內在安穩的中心點，這對你實在很重要，特別是當你同時處理許多不同事情的時候。試著慢下來，以平靜與自信的態度掌握狀況。

當牌上下顛倒

你很有可能即將錯失一些資源及財富，只因為你沒有很認真的看待它們，雖然不需要驚慌，但重新整理一下身邊的事物是必要的，這樣才能避免更多的災難損失。好好照顧那些你辛苦贏得的東西，以及努力達成的目標。

Three of Earth

地族 3

貓咪一向都是獨來獨往的，但有些事情就是需要團隊合作。就像這些貓咪把一隻大甲蟲包圍起來，然後同伴們就可以任意讓牠往他們想要的地方移動——特別是當他們離開居住的地方，如果只有一隻貓咪單獨行動，可能就難以驅趕這隻蟲，也很難對抗牠的大螯。在團結合作之下，這些貓咪們才能輕鬆達到他們的目的，並在過程中享受樂趣。

貓咪的建議

靠自己單打獨鬥似乎難以跨越的困難，這時候變得容易處理多了，甚至還顯得很有趣——只要你願意與人一起合作。想想看，在團隊合作下，你的工作可以獲得多少利益？試著創造一些新的合作方法，和別人一起達成共同的目標吧！

當牌上下顛倒

你獨自一人攬下太多事情，這麼做並不能讓你更獨立，只會害你成為犧牲的烈士。獨自奮鬥掙扎，往往只是平白耗損能量，不要試著去對抗不合理的工作量，開口尋求協助吧！

Four of Earth

地族 4

能得到特別的玩具，或者擁有自己的東西，是貓咪的一大樂事，而且我們貓咪也都擁有只屬於自己的心愛收藏品。但有些貓咪太極端了，就像這隻貓咪，對於物質的數量已經失去了衡量的能力，已經忘記了如何去享受自己的玩具，只是希望擁有的東西愈來愈多，甚至將此作為生命唯一專注的目標，他變得孤單且多疑，只是一味守護著他囤積的東西。

貓咪的建議

如果你忘了去賞玩它，那麼世上所有的玩具都會變得一文不值。到底你對物質沉迷與執著的根源是什麼？一定有一些空虛等著被填滿，但光靠收集東西是無法滿足你的，試著去享受友誼的慰藉，並追尋一些最簡單的快樂。

當牌上下顛倒

當情緒及實際生活中的雜質逐漸被清除釋放，你就能開始（或即將開始）感受靈魂的輕盈。繼續清除那些你曾經執著但已不再對你有益的事物，包括各種想法及關係，然後真正有價值的自然就會保留下來。

Five of Earth

地族 5

無論是由於自己的選擇，還是受到無法控制的環境影響，被擋在舒適溫暖之外是一件令人痛苦的事，尤其是對愛家的地族貓咪來說，對溫暖的渴望更加劇烈。透過結霜的窗戶，這隻孤獨的貓咪看見一個可以滿足自己所有夢想的生活──溫暖的窩、舒適的陪伴、豐盛的食物。時間會告訴他是否可以找到實現這個夢想的方法。

貓咪的建議

當環境把你推入孤單寂寞之中，當然你會覺得傷心和沮喪，不過要一直抱著負面感受，或是振奮往前，都是你自己可以決定的。豐盛與舒適其實離你不遠，但需要付出一些努力才有可能得到它。

當牌上下顛倒

負面情緒會一直把你往下拉，而你可能就會被困在自我憐憫的情緒之中。這並不是說你不敢面對挑戰，但一味執著於不曾擁有的東西，並不會帶給你任何收穫。試著把自己拉出鬱悶的漩渦，並踏出實踐的第一步來改善現狀。

Six of Earth

地族 6

不像「地族5」那隻又冷又餓的貓咪，這隻貓媽媽帶著她的孩子，找到了一個願意收留他們的庇護所——一隻慷慨的地族貓咪有足夠的食物與他們分享。這隻貓媽媽知道，她必須信任這位施予者的好意，並讓她的孩子們知道在必要時接受幫助並不可恥。而那隻樂善好施的地族貓以愛與養分祝福她的客人們，而在給予的同時，她自己也受到很大的祝福。

貓咪的建議

請將你生活的豐盛與那些比較不幸的人分享。而如果你是那個需要幫助與照顧的人，不要因為自己的驕傲而拒絕別人的援手。記得，付出的人所獲得的福氣與接受的人一樣多，那是一種平等的交換，所以你不用遲疑或擔心欠了別人什麼。

～─ 當牌上下顛倒 ─～

眼前出現的協助可能背後還牽著一條線。如果你接受的話，似乎同時也背負了一個沉重的義務，所以要小心衡量你的決定，想想為了得到幫助而付出的代價是否值得。相反的，如果你是那個吝嗇的付出者，想想自己的動機吧！要不就不求代價的給予，要不就都不給。

Seven of Earth

——

地族 7

貓咪高度的耐性可說是一種傳奇，就像這隻地族貓咪帶著無比決心，全然靜止不動的安靜守在兔子窩外，他知道他的獵物總有出現的一刻。這真的不是件容易的事——並不是每次狩獵都會成功，而等待既耗費精神，也消耗體力，但如果這隻貓咪的堅持與卓越技巧可以提供全家人溫飽，那麼一切的努力都值得了。

貓咪的建議

採取行動的時機還不夠成熟，要有耐心——並不是保持靜止不動而已，而是帶著平靜的心去驗收等待的結果。時間到了，你一定會達到目標的，急躁不安或失去耐心只會讓你的獵物提高警戒。現在你要做的就是安定下來，並靜靜等待。

當牌上下顛倒

你對當下的狀況有點過度擔心了，不要一次針對一件事投入所有的關注，以至於忽略了其他需求。試著將能量放在其他事情上，讓眼前這個狀況自己去發展一陣子。

Eight of Earth

地族 8

我們生來就有很強大的直覺力，但技巧仍需磨練。這隻貓咪正帶著她的小貓展開一場夜間遠征，小貓們仔細看著媽媽，學習她的專注與警戒。小貓們目睹了媽媽是如何覺察夜風中的每一種聲音和長草撥動的窸窣。對於領地的熟悉度，讓她可以快速而確定的往前移動，不需要語言，她自信的態度自然就能跟孩子們溝通，而他們也全然信任的跟隨她的腳步。

貓咪的建議

所有的技巧都需要靠練習來改進，不要期待第一次嘗試某件事情就可以做得很好，經過時間與紀律的磨練，你會愈來愈適應的。如果你能找到一位可以分享豐富經驗的好老師更好，而如果你自己就是一位老師，現在是將你的成就與卓越技藝傳承下去的時候了。

當牌上下顛倒

只有工作、沒有玩樂的生活會養成無聊呆滯的小貓，而你已經工作得太辛苦，太專注於改進技巧、提升地位，你可能會完全喪失享受整個過程的樂趣。花點時間去做一些純粹享樂、與成就無關的活動吧！

Nine of Earth

地族 9

過著愉快的群居生活固然美好，但獨自一人也有快樂之處，特別是當我們年紀漸長，希望過一種慢節奏生活的時候。這隻地族貓咪待在平和而封閉的花園裡，安詳看著世界從她眼前流動著，沒有其他貓咪跟她共享這個家園，但她一點也不覺得寂寞，有思想與回憶的陪伴就足夠了，而她那充滿智慧的心現在也感到圓滿。

貓咪的建議

在陽光下，你已經得到你應有的地位，現在可以滿意的退隱，享受獨處的權利。獨自一個人靜靜注視著美景，其實是豐富、滋養靈魂的一種方法，並不是每件事都必須與人共享，即使對方是你所愛的伴侶。在高牆圍繞的靈性花園中，有一種深刻的愉悅正等著你。

當牌上下顛倒

花太多時間待在家裡，不但不再覺得舒適圓滿，還會讓你有種被禁足的感覺。外面的世界正在呼喚你，而外界的事務也開始入侵這個刻意退隱的空間，使得原本充滿魔力的事情，現在也覺得庸俗不堪。與其讓一成不變的例行公事將所有火花都熄滅，不如去看看高牆外正在發生哪些事吧！

Ten of Earth

地族 10

對貓咪來說，沒有什麼比發現一個只屬於我們貓咪的特殊場地還要來得重要了。那是個能讓我們感到完全受到保護、極具安全感的地方，可以盡情放鬆，也可以重新與貓咪至關重要的天性相聯結。而歡迎其他貓咪進入我們珍視的領地是一項殊榮，那代表我們對他們的陪伴充滿信任且感覺安全，因為這個地方是一個永遠讓我們感到舒適的聖地。

貓咪的建議

現在對你來說，無論做任何事，只要能讓你感到安全、平穩就是最重要的。而目前能帶給你極大舒適感的，就是你的住所和你所擁有的東西，無論是自己一個人擁有或與家人、朋友們一起分享，你都會感到快樂，所以試著去找到一個屬於你自己的、特別的地方，並安定下來吧！在那裡，靜靜的體會回到家的舒適感，會讓你更瞭解自己。

當牌上下顛倒

擁有一個特別的處所固然很好，但拒絕離開那個地方就另當別論了。如果你只能待在自己熟悉的地方才有安全感，將會喪失體驗新的愉悅與舒適的機會，而那些可能會超越你已知的。事實上，根本沒什麼好害怕的——你的支持系統這麼強大，而你也總能找到回家的路。

Earth Kitten

地族小貓

與一位新朋友鼻子碰鼻子，這隻地族小貓一點都不感到害怕，只是有點稚嫩的羞澀。因為從小就被愛呵護著長大，她有一個願意信任別人的靈魂，她的所有感官向這世界開放，接收無數的香氣，觸碰各式各樣的生命，雖然還要花一些時間才能學會對什麼必須小心謹慎，但她的本能會讓她在探索的過程中保持安全。

貓咪的建議

你正緩慢而堅定的學習著實用的技術，不斷精進知識，認識這世界到底是怎麼運作的，而這個充滿感官享受的世界會帶給你極大的喜悅，例如嘗試美食、探索未曾被發現的地方、發現美麗的事物等。認真的學習，以及從事其他安靜的消遣活動，在這個時候會為你帶來很大的益處。

當牌上下顛倒

你可能覺得不確定，沒有安全感，進而導致遲疑，甚至拒絕在人生的道路繼續前進。當你害怕往前，或是不敢踏出探索世界的腳步，最好先回到基本，專注在有把握的事物上，再好好想想看要怎麼做才能讓自己感到安心。

Earth Tom

地族公貓

在族群的領地上漫步時，這隻地族公貓遇上了一隻小貓，她離開自己的窩迷路了，毫無遲疑的，這隻公貓叼起了小貓，帶她穿越各種困難阻礙，安全回到家中。雖然公貓還沒有自己的伴侶與小貓，但地族的天性讓他願意奉獻自己，保護、照顧自己的部族成員，他覺得藉著幫助他人，自己也能獲得極大的喜悅和部族成員們的愛。

貓咪的建議

持續而穩定的工作，以及樂於助人的心，會為你將來的成就打下很堅實穩固的基礎。不斷耐心的精進自己會讓你更順遂，同時也更相信自己的能力。這張牌同時也指出，可能會出現一個能給予你實際幫助與支持的人。

當牌上下顛倒

記得要多照顧自己的身體健康狀況，不要過度工作或攬下過多的責任。也許你幫助了某個人，卻沒有得到他適當的感激，你能做的是直接說出你的想法，或乾脆放下，去享受純粹為自己完成一項工作的喜悅。

Earth Queen

地族王后

坐在花團錦簇的庭園寶座上，地族王后正從大自然中擷取能量，以保護、滋養她所關心的對象。她的情緒沉穩，不輕易受挫或慌張，這個特質讓族群成員都非常愛戴她，而對於友善的訪客們，她也能和藹親切的歡迎。作為一位母親，地族王后隨時都可以給予小貓溫暖的擁抱，而養育照顧孩子們是讓她感到最開心的事。另外，作為伴侶，她全心奉獻，實際分擔配偶的所有責任。對她來說，最重要的事就是確保整個族群與她自己都能過著舒適的生活。

貓咪的建議

關心所有現實事務消耗了你大部分的能量，而你也很驕傲自己能夠照顧、撫育他人的身心。但也別忘了關心自身的狀況，給予自己一些感官享樂，並顧及自己的幸福。雖然這是你熟知的老生常談，卻常常會忽略它。

∽〜 當牌上下顛倒 〜∼

你為了日復一日卻絲毫不能放鬆的工作而感到精疲力盡，現實的義務和繁忙的家務已經耗盡你的力量與幽默感。當照顧養育變成一件苦差事，就失去了它原本的美意。休息一下吧！讓別人來照顧你一陣子。

Earth King

地族國王

像他的伴侶一樣，地族國王努力保護與支持他的家人及部族。他很仁慈，有一顆溫暖的心，所有被他吸引而聚集過來的人，都因為他的存在而感到安心。他其實已經超越了當下這一個世代，代表著過去曾經踏過這領地的所有世代的力量，傳承了祖先的責任，努力保持和平。這位國王和善、慷慨，如大地般踏實，讓任何在領地內外遇上他的人都對他尊崇萬分。

貓咪的建議

　　人人都非常信賴你的踏實與沉穩，試著儲存你所擁有的物資，以確保豐盛富有可以持續，同時還有足夠的資源可以與他人分享。你會發現，當你在家庭、工作或廣大的社會中能夠幫助他人，讓人感到安全舒適，自己也會獲得很大的滿足感。

當牌上下顛倒

也許現在正是時候，告訴那些一直仰賴你的人必須靠自己了，他們必須去解決自己的麻煩，特別是物質或財務上的困境。你不會再給他們任何方便，過多的支持反而讓他們無法獨立，從長遠的眼光來看，讓他們靠自己反而是一種仁慈，而且對他們更有益。

CHAPTER 4

牌陣

Spreads

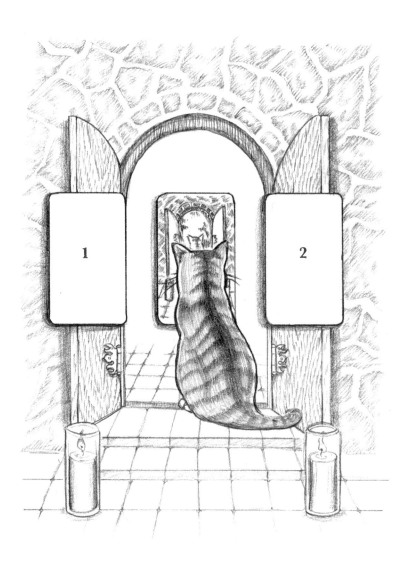

門檻邊
At the
Threshold

　　這是一個以「火族 2」為中心的牌陣，用來作為二選一的決定。圖中，貓咪正坐在門檻上思考著各種可能性，這個牌陣不像其他的方式，必須要以特定的方式提問，你可以依照自己的狀況來創造最適當的問句。

　　首先，將「火族 2」放在中心位置，然後想想你現在卡在哪兩種選擇之間，就像圖中的貓咪正在考慮要出去玩，還是待在家裡；你的問題可能是：要繼續現在的工作，還是辭職？兩部新車看起來都不錯，到底要買哪一部？要和別人一起合作一個案子，還是獨自完成？離開現在的關係，還是尋求伴侶諮商？諸如此類。

　　一旦你想清楚問題了，就將它們寫在紙上，以免等一下分不清哪張牌對應的是哪個問題，然後用你習慣的方式徹底洗牌，抽出兩張分別代表兩個問題的牌。

塞赫麥特獅神之盾

Shield of Sekhmet

塞赫麥特是我們最尊敬的神祇之一，祂是古埃及的女獅神，名字的含義是「最有力量的」。在古埃及時期，祂介入戰爭，並作為勝利的唯一保證；而在和平時期，祂則象徵療癒與和解的力量。

這個三張牌的牌陣來自一個黃金護具，或是胸盾的形狀，上方還有塞赫麥特的形象，當你覺得需要與自己內在力量中心連結的時候，便可以使用這個牌陣。

1. 是什麼讓你脆弱？

2. 什麼可以讓你堅強？

3. 怎樣才能讓你的力量得到最好的發揮？

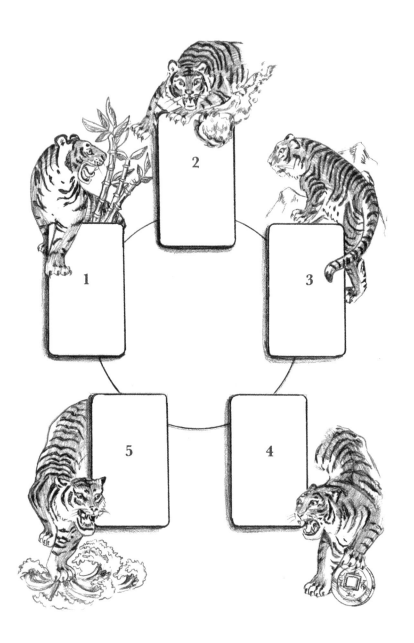

五虎會

在中國十二生肖中，老虎其實有五種不同特質，分別代表金、木、水、火、土五種傳統元素，而這個牌陣則聚集了這五種智慧之虎來幫助你釐清目前的工作計畫、生命重要的抉擇，或任何讓你掛心的狀況。

先分別解讀每一張牌各自的意義，再整合五虎所給予的全觀建議，而當五元素和諧運作的時候，最深的智慧就得以呈現。

1. 木虎：什麼正在增強？

2. 火虎：什麼還需要更多能量？

3. 土虎：什麼維持著不崩壞？

4. 金虎：什麼正在減弱？

5. 水虎：什麼隱蔽未見？

九命貓牌陣
Nine Lives Spread

　　貓咪最偉大的奧祕就是：我們擁有九條命！雖然我們一次只用一條命在活，但仍然可以意識到其他層次的生命——包括我們已活過的和即將到來的生命，而這個牌陣就是要用這神祕的覺知狀態來冥想，在這一世的人生中看見更多的隱喻。

　　當你解讀這個牌陣時，建議你多花一些時間仔細沉思每一個問題，這樣，每張牌的意義才能全然的揭示。

　　這個牌陣特別適合生日、特別紀念日，或經歷了人生轉捩點、跨越里程碑時來做。

　　1. 此生你來到世上所帶著的使命。

　　2. 為了完成這個使命所被賜予的天賦。

　　3. 你已經學會的一個功課。

　　4. 一個大轉變的里程碑。

　　5. 目前吸引你注意的一件事。

　　6. 即將面臨的大冒險。

　　7. 一個你還沒學會的功課。

　　8. 你將贈予這世界的一個禮物。

　　9. 當離開這個生命時，你將釋懷的一件事。

米淇 · 穆勒
舊木桌上的素描

*Sketches from
Mickie Mueller's
Old Wooden Art Table*

　創作一副塔羅，需要藝術家與作者之間無間的合作，以及無數的協調整合。在這段後記中，我們可以一窺《神奇奧義貓塔羅》圖畫繪製的幕後工作，同時還加上藝術家親自撰寫的註解。

━ · 星星 · ━

我把這隻貓咪放在一棵銀杏樹上，來回憶我們與星辰之間的連結（銀杏是一種可以增強記憶力的藥草），同時，我也會在水彩中加入各種藥草溶劑，作為創作的一個必要手續，每張牌中都包含了貓薄荷及其他各種藥草水，而這一張則包含了銀杏葉與橄欖溶劑。

━━ • 天族 2 • ━━

文字作者希望我描繪貓科動物特殊的裂唇嗅反應（flehmen response），那是貓咪掀唇吐舌以便獲得更多氣味訊息的樣子，而我最原始的草稿被修正過了，理由很明顯，如圖中所述（讓他的頭抬起來！貓咪正嗅著風中的味道，並不是在吐神祕的貓毛球！）。使用的藥草水：貓薄荷、花楸草。

━━ · **天族 3** · ━━

這裡的難度是必須畫出一個戶外的場所，有著一條擺滿易碎物品的長廊，
剩下的，就讓貓咪自己去完成。使用的藥草水：貓薄荷、馬利筋、百香果
花。

自從我畫了他的那一刻起，每次看到他臉上的表情都忍不住大笑，他真的忍無可忍了！使用的藥草水：貓薄荷、馬鞭草。

━━ ・天族國王・ ━━

經由文字作者盧娜雅的建議，將那個雪中的風鈴從左邊移到右邊之後，
果然改善了整個構圖，有時我看著某樣東西太久，實在需要一個清新的視
野。使用的藥草水：貓薄荷、聖約翰麥汁。

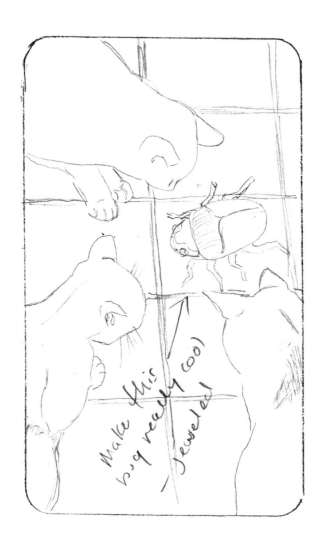

——— · 地族 3 · ———

我故意讓背景非常簡潔，以凸顯這些狩獵中的貓咪，以及他們中央那寶石
般絢麗的獵物。使用的藥草水：貓薄荷、苜蓿。

━━ · 地族皇后 · ━━

當盧娜雅提議畫一個花園場景，並給這隻貓一張椅子的時候，我就依照曾經看過的許多古董藤椅的印象畫了這張圖，並把它縮小成貓咪的尺寸，畢竟，這裡是貓的世界呀！使用的藥草水：貓薄荷、草莓、木槿。

fierce

Lotus for clear thinking

——— · 火族 5 · ———

在這個小貓打鬧的場景中，我想要畫一個火把之類的東西，同時又必須確保它不會被打翻而整個燒起來，最後，我選擇了一個蓮花形狀的火扇，以貓魔法的力量使其浮在空中。使用的藥草水：貓薄荷、蓮花、薑黃、甜豆。

———— · **火族 10** · ————

你可能已經注意到我會在每張畫旁邊註明數字，然而這張出現了錯誤，那
就是殿宇中只有九隻貓，最後我決定用十個火球來彌補。使用的藥草水：
貓薄荷、灰燼、芸香。

——·**海族 3**·——

有些草稿畫得很空曠鬆散，所以我會加上一些文字註解，表示將會呈現的
景物，如「天空」、「土地」、「海」等，要不然盧娜雅會很難想像真正
完成後的樣貌。使用的藥草水：百香果花、菊苣。

— • **海族 4** • —

那些原本應該是在海灘上跳舞的龍蝦，看起來卻像在打群架，很感謝盧娜雅提供的靈感救了這張畫。使用的藥草水：貓薄荷、牛蒡、天堂藍紫草。

盧娜雅和我一起修改了這張原始的素描,而做了一些改變後真的讓這場夢的景象變得更好了。使用的藥草水:貓薄荷、洋甘菊、竹子。

━━●· 太陽 ·●━━

這張原畫的疏林草原場景整個都要換掉，要讓這隻幸福的貓咪與他的同伴們相遇在一個莊嚴的貓咪太陽聖殿的露台。使用的藥草水：貓薄荷、向日葵、薑。

神奇奧義貓塔羅
Mystical Cats Tarot (Book & Deck)

作　　者／盧娜雅・韋瑟史東（Lunaea Weatherstone）
繪　　圖／米淇・穆勒（Mickie Mueller）
譯　　者／尤可欣
選書責編／何若文
特約編輯／潘玉芳　　　　　　　版　　權／吳亭儀、黃淑敏
美術設計／林家琪　　　　　　　行銷業務／林彥伶、石一志

總 編 輯／何宜珍
總 經 理／彭之琬
發 行 人／何飛鵬
法律顧問／台英國際商務法律事務所　羅明通律師
出　　版／商周出版
　　　　　臺北市中山區民生東路二段 141 號 9 樓
　　　　　電話：(02) 2500-7008　傳真：(02) 2500-7759
　　　　　Blog：http://bwp25007008.pixnet.net/blog　E-mail：bwp.service@cite.com.tw
發　　行／英屬蓋曼群島商家庭傳媒股份有限公司城邦分公司
　　　　　臺北市中山區民生東路二段 141 號 2 樓
　　　　　讀者服務專線：0800-020-299　24 小時傳真服務：(02)2517-0999
　　　　　讀者服務信箱 E-mail：cs@cite.com.tw
劃撥帳號／ 19833503　戶名：英屬蓋曼群島商家庭傳媒股份有限公司城邦分公司
訂購服務／書虫股份有限公司客服專線：(02)2500-7718；2500-7719
　　　　　服務時間：週一至週五上午 09:30-12:00；下午 13:30-17:00
　　　　　24 小時傳真專線：(02)2500-1990；2500-1991
　　　　　劃撥帳號：19863813　戶名：書虫股份有限公司
　　　　　E-mail：service@readingclub.com.tw
香港發行所／城邦（香港）出版集團有限公司
　　　　　香港 灣仔 駱克道 193 號東超商業中心 1 樓
　　　　　電話：(852) 2508 6231　傳真：(852) 2578 9337
馬新發行所／城邦（馬新）出版集團 Cité (M) Sdn. Bhd. (458372U)
　　　　　11, Jalan 30D/146, Desa Tasik, Sungai Besi,
　　　　　57000 Kuala Lumpur, Malaysia.
　　　　　電話：603-90563833　傳真：603-90562833
行政院新聞局北市業字第 913 號

國家圖書館出版品預行編目資料

神奇奧義貓塔羅／露娜．韋瑟史東 (Lunaea Weatherstone) 著；米淇．穆勒 (Mickie Muelle) 繪圖；尤可欣譯. — 初版. — 臺北市：商周出版：家庭傳媒城邦分公司發行, 民 105.09　216 面；14.8x21公分. —（東西命理館；22）譯自：Mystical cats tarot ISBN 978-986-477-004-5（平裝）1. 占卜

292.96　　　　　　　　　　　　　　　105005718

印　　刷／卡樂彩色製版印刷有限公司
經 銷 商／聯合發行股份有限公司　　電話：(02)2917-8022　傳真：(02)2911-0053

■ 2016 年（民 105）12 月初版　　　Printed in Taiwan
■ 2024 年（民 113）01 月 25 日初版 7 刷
定價 1120 元
著作權所有，翻印必究
ISBN 978-986-477-004-5

城邦讀書花園
www.cite.com.tw

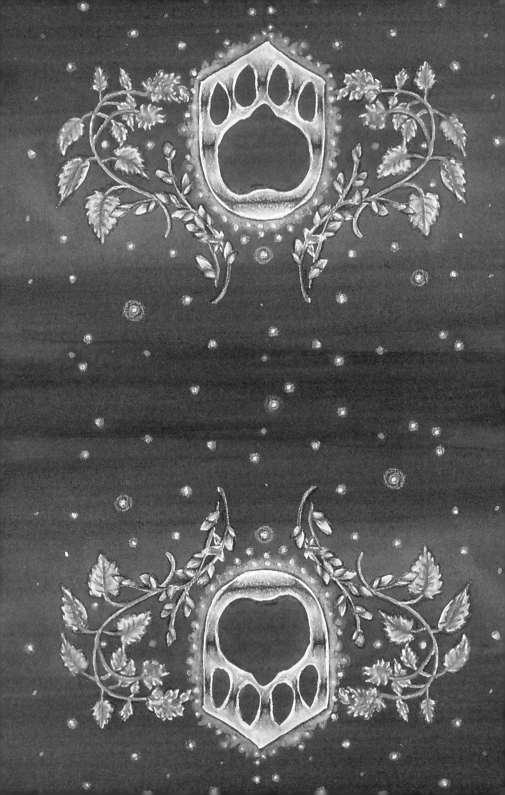